弃子的悲歌 希腊内战

An Elegy

on the Sacrifice

"口袋中的世界史"丛书

丛书主编：沈志华

执行主编：梁　志

The Greek Civil War

童欣 ——— 著

天津出版传媒集团

天津人民出版社

图书在版编目（ＣＩＰ）数据

弃子的悲歌：希腊内战 / 童欣著. －－ 天津：天津
人民出版社, 2024.1（2024.4重印）
（"口袋中的世界史"丛书 / 沈志华主编）
ISBN 978-7-201-19783-8

Ⅰ.①弃… Ⅱ.①童… Ⅲ.①希腊－近代史 Ⅳ.
①K545.5

中国国家版本馆CIP数据核字(2023)第173339号

弃子的悲歌:希腊内战
QIZI DE BEIGE XILA NEIZHAN

出　　　版　天津人民出版社
出 版 人　刘锦泉
地　　　址　天津市和平区西康路35号康岳大厦
邮政编码　300051
邮购电话　(022)23332469
电子信箱　reader@tjrmcbs.com

策划编辑　王　玎
责任编辑　王　玎
特约编辑　曹忠鑫
封面设计　汤　磊

印　　　刷　天津海顺印业包装有限公司
经　　　销　新华书店
开　　　本　880毫米×1230毫米　1/32
印　　　张　4.75
插　　　页　5
字　　　数　67千字
版次印次　2024年1月第1版　2024年4月第2次印刷
定　　　价　48.00元

"口袋中的世界史"丛书
编委会

主　　编:沈志华

执行主编:梁　志

编委会成员(按姓氏笔画排序):

朱　明　沐　涛　沈志华　陈　波

孟钟捷　姚　昱　梁　志　谢国荣

执行主编

梁志

历史学博士,现任华东师范大学历史学系教授、系主任,研究方向为冷战史、当代中国对外关系史。

本书作者

童欣

历史学博士,毕业于北京大学,曾在柏林自由大学进行合作研究,现为华东师范大学社会主义历史与文献研究院兼职助理研究员,研究方向为冷战史、德国近现代史。

总　序

　　历史系的青年教师们与天津人民出版社合作，计划出版一套通俗世界史读物，面向青少年，名曰"口袋中的世界史"，请我作序。

　　接到这个"任务"，脑海里立即呈现出我儿时读历史书的情景。我上小学时的历史知识都是来自"小人书"——《三国演义》《杨家将》《水浒传》等，到初中时，爱不释手的就是中华书局出版的"中国历史小丛书"了。这套书的主编是著名明史专家吴晗，作者也大都是名已见经传的历史学者。到20世纪60年代中期左右，该丛书共出版了一百四十多种，有人物、事件、古代建筑和名胜古迹，文字简洁，通俗易懂，还有名家插图。我想，我对历史研究的最初的兴趣或许就是从这里开始的。

　　如今已经是信息爆炸的网络时代了，获取历史知识的渠道和方式十分丰富。不过，对于青年人，特别是青少年来说，为他们编写一套专业、精致又简易的历史小丛书还是很有必要的，特别是在世界历史方面。青少年在走进世界之前，首先应该大致了解世界，这就需要读一点世界史，而仅靠应试教育的中学历史课程恐怕很难做到这一点。20世纪60年代，英国历史教育曾经出现了一次危机，英国学校委员会经过调查发现，学生们不喜欢枯燥无味的历史课，有学者甚至认为历史学科可以并入社会学科。于是，历史研究者和历史教师要向公众解释：历史教育为什么重要，为什么必须保留？这次危机引发了英国历史教育的重大改革，各地历史教师组成多个研究组织，探讨了使历史教学丰富多彩、引人入胜的途径和方式，其中增加历史游戏、历史戏剧和课外读物就是重要的内容。

梁志教授告诉我，第一辑有六本书计划出版，包括希腊内战（危机）、匈牙利危机、刚果危机、柏林危机、古巴导弹危机、"普韦布洛"号危机；第二辑包括世界历史上的六场战争；以后还会有人物辑、地理辑、科技辑、经济辑等。对于今天的中国历史教学来说，如果能够出版一套既能体现最新史学理念和成果，又多姿多彩、通俗易懂的世界史丛书，帮助青少年了解世界，并形成"睁眼看世界"的思维方式，进而通过课内外结合提升中学历史教育的有效性，或许能够走出历史教育的某些困境，也为中国这一代青少年走向世界奠定坚实的思想基础。

我非常期待"口袋中的世界史"能够顺利出版，并延续下去。

沈志华

2023 年 5 月

写给读者

经过三年的筹备,"口袋中的世界史"丛书的第一辑终于和大家见面了。本辑的主题为"冷战中的国际危机",考虑到地域和时间分布以及危机类型等相关因素,选取了希腊内战(危机)、匈牙利危机、刚果危机、柏林危机、古巴导弹危机、"普韦布洛"号危机,呈现给大家。

冷战可以被视为距离当下最近的一段历史了。概言之,冷战是东西方两大阵营之间长期的竞争与对抗,本质上是一种非战非和的状态。恰恰是就这一点而言,国际危机可能是东西方冷战时期国家间关系的一种"常态"。正因如此,在核武器问世并逐渐成为全球毁灭性力量的情况下,如何应对国际危机,特别是防止国际危机演化为战争乃至世界大战,成为各国政要关心的重要议题。在古巴导弹危机后,美国国防部部长罗伯特·麦克纳马拉宣称："今后战略可能将不复存在,取而代之的是危机管理。"由此,国际危机管理成为政治家、媒体、学者乃至大众共同关注的一个概念。

本辑选择的国际危机涉及亚非美欧各大洲,时间从20世纪40年代后半期一直延续到60年代末。这六次国际危机类型丰富,有内战危机、核危机和情报危机等。影响国际危机走向和结局的因素很多:本土各派势力的实力对比与博弈;超级大国(个别情况下也包括地区大国)的反应,特别是保持克制的程度(谈判并做出妥协的意愿如何、是否接受调停或倾向于动武等);国际上包括联合国在内的相关方的调停意愿与能力;各有关国家领导人(有时也包括各级军官)在危机期间对突发事件的判断和应对。

重温这六次国际危机的来龙去脉,可以从中窥见一段段跌宕起伏、惊心动魄的历史故事:既有政治家展现出来的大国智慧,又有普通人面对历史大势的隐忍无奈;既有国际秩序和国际格局对一国的刚性束缚,还有偶发因素影响下的历史"转弯";既有冷战政治与人道主义之间形成的有限张力,更有各种复杂要素共同形成的无限合力。

故事的情节固然精彩,但远没有防止国际危机恶化乃至爆发战争的经验和教训可贵。我和几位志同道合的中青年历史学人一直致力于史学研究,在出版社朋友的建议下,策划了丛书第一辑的出版。口袋是"小"的,历史是"大"的,希望这套小口袋书能够给读者打开历史大视野,从中国放眼世界,在世界中认识中国。

梁 志

2023 年 5 月

目 录

楔子:十二月的那声枪响

　　12月是雅典最为阴冷的时节,只有正午的那三个多小时能看见希腊最寻常不过的地中海阳光。但1944年12月3日的雅典正被一股热流灼烧着,满身尘土、带着武器的希腊共产党人和左翼支持者正喊着口号向市中心的宪法广场进发。

　　游行者用蔑视和仇恨的目光盯着平日负责维持治安的雅典警察,而后者正用紧张和惊恐的眼神注视着这支宛若岩浆一样缓缓向前却无法阻挡的队伍。他们怎能不害怕呢?尽管警察队伍里也不乏出身于抵抗运动的新人,但总体上他们仍是那支老警队——那支在"德国鬼子"的占领下当差四年的"治安军"(Security Battalions)。自1944年9月苏军挺进南斯拉夫后,驻希德军开始紧急撤退,哪里还管得了昔

图1　1944年12月3日游行队伍

日合作者的命运。眼看就要落入老冤家游击队之手时，老警队绝处逢生。新近接管雅典的英国人认可了他们对于新主子的忠心和专业能力，不但承诺了他们的安全，还保住了他们的饭碗。根据希腊各方势力达成的协议，希腊的全部武装力量将由英国派驻希腊的斯科比将军统帅，理论上，现在老警队与游击队几乎可以算是"袍泽"了。只是没想到，今天这伙人又举着枪进城了！他们抗议希腊临时政府要求所有游击队解除武装的最新命令。显然，如果这伙人得势，他们眼中的"希奸"岂能有好下场？

一声枪响，终结了所有的悬念，早已紧张到极致的警察们纷纷开始射击。最初的枪声来自警队里一名骂骂咧咧的警察，他的这一枪引爆了此后五年间的血腥内战，而他本人却从此不知所踪。枪声响处，早已举枪瞄准的警队射杀了数十名示威者，紧接着游行队伍开始反扑，他们先是攻击落单的警察，之后的几天里更是攻占了雅典24个警察局中的21个，不过他们仍然避免对进驻希腊的英国部队开火。

就在这枪声大作、人心惶惶的日子里，一位名叫波波夫的苏联上校正在雅典奢华的大不列颠酒店里不紧不慢地抱怨英国食物的粗劣。他显然很清楚希腊共产党的底线——专门让此时的"希腊总督"斯科比将军给他配了一个英国卫兵。斯科比不敢怠慢，因为他很清楚希共大军背后的丝线牵在谁的手里。

然而已没有任何人知道接下来的斗争将残酷

到什么地步，唯有如血残阳挂在雅典卫城的后面，像昔日奥林匹斯山上的神祇一样，无情地注视着伯罗奔尼撒半岛上又一幕悲剧的上演。

一、内战之前的内战

1.希共的成长

希腊自诞生了灿烂的古典文明之后,先后被马其顿人、罗马人和土耳其人征服,其中处于东罗马帝国治下的时间最长(直至1453年君士坦丁堡陷落),由此形成了近代希腊以东正教会为主流且多民族、多宗教混杂的社会。19世纪初,奥斯曼帝国的衰弱、欧洲力量的上升和法国大革命后欧洲民族主义思潮兴起,共同促成了希腊的独立运动。1821年希腊人宣布独立,最终于1828年取得了独立战争的胜利并建立了希腊王国。英国一直是希腊独立运动最重要的支持者,这桩谋利之举还因为1824年在希腊殁于军中的诗人拜伦而附上了一层浪漫的色彩。

图2　德国画家彼得·冯·赫斯（Peter von Hess）的名作《海边的希腊乡下人》（*Griechische Landleute am Meeresstrand*），现存慕尼黑新绘画陈列馆（Neue Pinakothek），描绘了19世纪初期希腊人的生活场景

　　希腊人决心恢复古希腊的荣光，但1828年的疆土显然无法容纳这份雄心：克里特岛、色萨利、马其顿、色雷斯、爱奥尼亚等一大片载有古典希腊光辉历史的土地依然属于异邦。在这股雄心的驱动下，蹒跚步入国际社会的现代希腊开始摸索自己在大国角逐游戏中的角色。

　　独立之后的希腊虽有国王，但主导希腊政治的其实是欧洲各国的希腊侨民。独立前，希腊曾有大量居民背井离乡以逃脱这片被奴役的土地，其中的聪明人和幸运儿在欧洲各大国站稳了脚跟，他们中的许多人并没有忘却故土，在希腊独立运动中出人、出钱，从而也在希腊的政治中取得了显赫地位，不过他们对希腊未来的构想却各自打上了谋生所在地的烙印。

关于如何恢复故土，希腊人主要分为三派：一是亲俄派，他们主张依靠同样信仰东正教的"主内弟兄"，而且特别指出，这一战略的便利之处在于俄国根本不用直接援助希腊，只要它继续打击奥斯曼帝国，希腊就有机会收复故土；二是亲法派，他们则认为法国才是南欧最强大的力量，他们相信经由希腊侨民的鼓动，正在筹建苏伊士运河的法国将会出于自己的利益协助建立一个"大希腊"，以巩固法国在欧亚非连接区域的影响力；三是亲英派，他们本来底气最足，因为英国不但在希腊独立运动中有不可磨灭的贡献，而且还掌控着东地中海的制海权，但大英帝国的现实主义政策却让希腊的亲英派有口难开。与希腊独立战争时代不同，19世纪中期已是英俄争霸的"大棋局"时代，英国已不再谋求进一步削弱奥斯曼帝国，反而在各个国际场合维护这个"欧洲病人"的领土完整，支持它"抗击俄国的侵略"。更令亲英派难堪的是，希腊西边的爱奥尼亚诸岛，此时就扣在英国手中。

时至20世纪初，在奥斯曼帝国衰弱的趋势下，希腊恢复故土的努力取得了不小的进展，在克里米亚战争和两次巴尔干战争中均有所斩获，只不过来自西欧的掣肘时时抑制着希腊国内的野心。

第一次世界大战的爆发终于让希腊国内英、法、俄的支持者协调一致了。晚近崛起的亲德派虽也一度分庭抗礼，但终被镇压，希腊从1917年起彻底站在了协约国一边。这次正确"站队"为希腊赢得了《色佛尔条约》，东色雷斯和爱奥尼亚并入希腊版图，"大希腊"已初具规模，只剩下昔日东罗马帝国的首都君士坦丁堡（被奥斯曼帝国占领后改名为伊斯坦布尔）仍未收回。

然而奥斯曼帝国在崩塌时的反弹击碎了希腊民族主义者的美梦。在后来被现代土耳其视为"国父"的凯末尔麾下，欲洗雪国耻的土耳其军队打败了希腊人，在作为停战协定的《洛桑条约》中夺回了东色雷斯和爱奥尼亚。

在这里，我们要开始介绍希腊内战中的一方了——让我们看看希腊共产党的成长。

从长远看，丧失已吞入口中的领土并非《洛桑条约》对希腊历史最重要的影响。自1917年俄国十月革命以来，苏俄一直怀抱着"全世界无产者共同革命"的期待在周边国家散播革命火种，但共产国际的希腊分支一直发展缓慢。希腊共产党的前身希腊社会主义工人党成立于1918年11月，但在1922年以前只是一个边缘性的小党，在希腊社会根本没什么影响，然而希腊的战败让希共获得了新的力量源泉。1924年参加了共产国际的希腊社会主义工人党改名为希腊共产党，在总书记尼柯斯·扎希阿里阿迪斯（Nikos Zachariadis）的带领下借着小亚细亚难民的到来不断发展壮大。

希腊与土耳其战争中发生的种族仇杀，使双方在《洛桑条约》的附属条款中约定了希腊与土耳其之间强制性的交换人口方案，至少有120万信奉东正教且定居在小亚细亚的希腊人被迫迁移到希腊本土（同时也有约40万信奉伊斯兰教的希腊居民被强制迁往土耳其），这批约占希腊总人口六分之一的"流民"被安排在较为贫困的希腊北部地区（另一处流民聚居地是以雅典为中心的安提卡地区），并且令当地社会下层民众的生存状况更趋恶化，使得这项安排在希腊被称作"小亚细亚灾难"。而那些原先居住于此地的土耳其人的庄园，被优先分配给了本土希腊人，并没有多少分给迁移来的难民。这些"流民"大多不会说现代希腊语，而只会说希腊本土人听不懂的黑海沿岸方言或土耳其语，这让他们经受了无尽的歧视和嘲笑。

颠沛流离的经历、难以为继的生活，让这些流民只能抱团取暖并渴望一次翻天覆地的变化，共产主义学说在此找到了最适宜的土壤，日后有许多党和军队的高层人物即出身于这批"流民"之中，其中就有刚才提到的希共草创时的领袖和后来第三次内战时期的希共总书记扎希阿里阿迪斯，以及第三次内战时的军队总指挥马科斯·瓦菲阿迪斯（Markos Vaphiadis）。

我们再来看看后来内战中的另一股势力——右翼力量的发展。1922年的战败也让希腊国王于次年丧失权力，希腊共和国成立。在一战与二战之间的岁月，希腊政治的中轴是保王派与在军队中颇有影响的共和派（又因共和国时代多次出任首相的维尼泽洛斯而被称作"维尼泽洛斯派"）之间的斗争，并最终以1935年的王政复辟宣布了保王派的胜利。

新掌权的首相扬尼斯·梅塔克萨斯（Ioannis Metaxas）既出身保王派，又有过担任参谋总长的经历，相对而言是平衡王室与军方利益的合适人选。在希腊国王乔治二世的支持下，梅塔克萨斯

图3　扬尼斯·梅塔克萨斯（1871—1941年）

于1936年8月4日发动政变，用一套被后世称为"八·四制度"的威权体制取代了宪制，然后至死都没有再放弃权力。他从墨索里尼和希特勒那里学

来了一套残酷镇压政治对手的法西斯手段,宣布取缔一切反对党,打着"反共"和建设"第三希腊"旗号(据说第一和第二希腊分别是古希腊文明和拜占庭文明),在保留国王的前提下开始了自己的"准独裁"统治。梅塔克萨斯不顾法制和人道,清洗了希腊军队和公务员中的共和派,对希腊共产党更是不会留情,希共有大批核心成员在这段严酷的时期被捕或被迫逃亡。

但是转折点就要来了。

2.轴心国的入侵

跟许多长期执政的独裁者一样,梅塔克萨斯是审时度势的高手。他曾在柏林普鲁士军事学院学习,一战前就属于广义上的亲德派,1935年掌权后亦对希特勒有倾慕之心,但他一直小心翼翼地在日趋险恶的国际环境中保持中立。尽管纳粹德国对希腊经济的重要作用正在迅速上升,但他时刻也不能忘记英国正掌控着希腊周边海域的制海权,同时还为希腊政府提供着生死攸关的贷款。即使德国在二战开始后风卷残云般地打败了波兰和英法军队,希腊依然未修改自己的中立立场。

然而墨索里尼的野心让梅塔克萨斯的"钢丝"再也走不下去了。意大利于1940年10月28日早上向希腊政府递交了苛刻的最后通牒,并且在收到希腊人回信之前,意军就已经越过了阿尔巴尼亚附近的边界。不过意大利的牙口实在配不上它的胃口,不仅初期的进攻很快被希腊挫败,1941年初经过精心准备的第二次进攻也毫无进展,甚至被希腊军队反攻得手。

图4 墨索里尼视察意大利部队(拍摄于1940年)

意大利的进攻最终将梅塔克萨斯推向了英国,英军于意军入侵开始后进驻克里特岛,这就让希特勒下定了占领希腊的决心。

此时,已将大批重武器遗落在敦刻尔克的英国陆军尚未恢复元气,其主力正在北非与隆美尔对阵,能派到希腊的援兵主要是来自澳大利亚、新西兰等地的英联邦部队。虽然英国的海军优势使希腊守住了其海岸线,但对于来自大陆方向的威胁却力不从心。

更多对希腊不利的事件接连发生。掌权5年多的梅塔克萨斯于1941年1月29日去世,突然失去核心的希腊政府在防御问题上丧失了灵活性,一直在阿尔巴尼亚前线与意军顶牛的希军主力难以回防北境。4月6日,德军开始了代号为"马莉塔"的军事行动,从南斯拉夫和保加利亚两个方向侵入希腊。

图5 德军占领雅典

图6 两个恃强凌弱的独裁者——墨索里尼和希特勒

由于南斯拉夫一直被视为希腊的盟友,所以这两国边界并没有搭建坚固的防线,南斯拉夫的迅速崩溃让希腊门户洞开,纳粹军队的闪电战再次得逞。希军主力在被截断退路后投降,希腊国王乔治二世逃亡克里特,继而又到伦敦组建了受到西方支持的流亡政府。在那里,乔治二世很受英国王室的欢迎,他本人的母亲是维多利亚女王的外孙女,而他爷爷的另外一个小孙子菲利普亲王正在与英国的伊丽莎白公主热恋(即未来的女王伊丽莎白二世,两人于1947年成婚)。英国支持希腊王室的传统、正统性原则、家族之间的纽带和乔治二世对英国的热爱,让英国政府将他选为大英帝国东地中海利益的看护者。不过,这一选择越来越偏离希腊政治发展的轨迹,为今后的纷争埋下了伏笔。

图7 身着希腊剧服的菲利普亲王,时年十四岁,正在苏格兰留学

起初,纳粹德国领导人仍抱有对古典文明的浪漫想象,试图通过给予希腊一个"光彩的和解协定"和宽松的占领政策来驯服希腊人。但1941年6月苏德战争开始后的严酷局面,促使德国开始越来越露骨地榨取希腊的经济资源,从而让前期赢得希腊人好感的政策完全破产。面对希腊人日益激烈的反抗,德国人转而实施严厉的镇压政策。

恰在此时，英国在败退后凭借制海权封锁了希腊海岸，这些因素共同造成了希腊地区的饥荒，仅雅典就有超过10万人死于饥饿及相关疾病，而饥荒同时也催生出大量反抗轴心国的力量（最初加入游击队的人大部分都是为了混口饭吃）。

英国为了减轻其他战场的压力，其负责在欧洲大陆沦陷区开展秘密工作的特别行动执行处（Special Operations Executive，SOE）不分意识形态地支持希腊所有的抵抗运动。作为能够最有效打击德寇的武装，希共游击队从英国特别行动执行处获得了大量武器装备，他们同时也在用这些资源与同样受到英国特别行动执行处援助的共和派、保王派抵抗武装争夺地盘，这就让英国外交部（支持希腊国王的流亡政府）与英国特别行动执行处的对希政策陷入了矛盾之中。

斯大林格勒战役结束后，德国败象渐显，希腊各方势力对战后地位的争夺开始进入白热化。

狡猾的德军深谙"分而治之"的道理，他们会在其他敌方武装被共产党游击队打得没有还手之力时出兵"救援"，并在击退游击队后以拯救者的姿态顺理成章地收编非共产党系的武装,让他们成为希腊傀儡政府的治安军。

1943年全年,共和派武装所期待的盟军登陆并未到来,共产党游击队所盼望的苏联红军也未挺进巴尔干。不过,与法国和南斯拉夫的情况相似,在不断地分化重组之后,走"人民战争"路线的共产党游击队逐渐成为抗击德寇的中坚力量,而且通过渗透敌人鞭长莫及的农村地带控制了大部分国土。在这个过程中,希共组织成立了以自身为核心的民族解放阵线(Ethniko Apelevtherotiko Metopo,EAM),用来整合各类愿意靠拢希共的抵抗力量,并将这些武装统编为希腊人民解放军(Ethniko Laikos Apelevtherotikos Stratos,ELAS)。

1943年9月意大利突然宣布投降,其驻希腊部队的武器装备成建制地落到了民族解放阵线手中(意大利军队主要驻扎在希腊北部,与希共游击队活跃地区重合),这使得希腊人民解放军部分摆脱了对英国补给的依赖,从而愈发激励了希共问鼎政权的雄心。1943年10月9日,希腊人民解放军与共和派、保王派为了争夺地盘而大规模交火。就这样,第一次希腊内战在希腊尚未复国的情况下就已经开始了。

得知内战打响，英国立即断绝了对希共武装的军火供给，但在美、英、苏三个大国联合对德的背景下，希腊左翼与右翼武装之间的内战无疑令1943年底在德黑兰开会的丘吉尔感到难堪。会后不久，英国外交部硬着头皮邀请希腊人民解放军参加谈判，最终于1944年2月29日达成了《普拉卡协议》(Plaka Agreement)，暂时实现了希腊抗德力量相互之间的停火。

对希腊人的内斗无可奈何的丘吉尔将之归结于民族性：

希腊人和犹太人可以并称为世界上最热衷于政治的民族。他们不论环境怎样不利，国难怎样深重，总是分成许多党派，而许多领袖则互相进行你死我活的斗争。人们说得好，无论在哪里，只要有三个犹太人，就会发现其中有两人是首相，另一个是反对党领袖。另一个著名的古老民族，情形亦复如此……

不得不说丘吉尔如此归因如果不是强行幽

默，则实属思维上的懒惰。其实，早在世界大战爆发之前，梅塔克萨斯政府对希腊共产党人的残酷镇压，已让主要代表下层贫苦人民利益的希腊共产党、希腊右翼分子同希腊正规军军官之间结下了血海深仇。他们之间的成见是如此之深，以至于德国人的到来也未能让他们"共御外侮"，国家倾覆带来的混乱反而让众多共产党员越狱而出，揭竿起义。因此，这一轮内战的背后其实是希腊社会多年积累的阶级矛盾，绝非英国政府几个月的斡旋所能解决。

显然，《普拉卡协议》是一个各方都不会满意的权宜之计。该协议只是让各派武装势力在保持现有实际控制区域的情况下实现停火，并不涉及任何政治安排。占有全国大部分地区的希共游击队感觉该协议未能体现其自身在抗德战争中的贡献和分量，保王派武装则觉得游击队无权与自己平起平坐，因为自己所属的开罗流亡政府是西方所承认的希腊唯一合法政府（此时希腊流亡政府已移驻开罗）。

就在《普拉卡协议》达成10天之后，民族解放阵线成立了具有政府性质的民族解放政治委员会

（Politiki Epitropi Ethnikis Apelevtheroseos，PEEA），这个囊括了从地区大主教、将军到大学教授的政府，与雅典傀儡政府、开罗流亡政府形成了三足鼎立之势。面对此始料未及的局面，丘吉尔在权衡之后决心继续支持希腊国王乔治二世领衔的开罗流亡政府，谴责希共发动叛乱。

新一轮内战的征兆，已经出现在了地平线上。

3.波波夫使团与"百分比协定"

从逻辑上看，是"百分比协定"给了英国控制希腊的保证，但英国人并不像有些故事里讲的那样是手拿着"百分比协定"才得以顺利进入希腊的。从时间线上看，是苏联让希共妥协在前。所以就希腊而言，斯大林在"百分比协定"上的那个大蓝钩只是事后追认。

自西方建立全球殖民体系以来，完全没有国际背景的内战是少见的，希腊内战中卷入的国际因素则更为明显。二战尚在进行的时候，在希腊角力的除了日薄西山的德国人之外，依然是英国人与俄国人这对老冤家。传统上，希腊是英国的势力范围,英国在东地中海有无可争议的制海权和其对掌控苏伊士运河不容置疑的决心,让俄国人不会轻易打希腊的主意。

不过此时的情况却有些复杂。其一,有德国这个英国和苏联共同的敌人,英苏的种种角力就必须在打败德国的前提下,在"盟友"旗帜的包裹下悄悄进行。其二,在希共、苏共与巴尔干其他共产党之间,共同的意识形态形成了超越国界和种族的纽带。在英国人看来,一直以来是自己在援助各路希腊抵抗运动,结果拥有最强武装力量的却是听命于莫斯科的希腊共产党。共产国际是解散了,然而掌控希共游击队的大多是20世纪20年代的老党员,其中还有人声称:现在扛着的虽是英国人的枪,但自己早晚要瞄准这些帝国主义者开火。

1944年春天,随着苏联红军日益靠近巴尔干,安排希腊战后政局的要求变得更加紧迫。希共甚至在一些流亡政府的部队中也获得了同情者。4月8日一艘希腊驱逐舰拒绝了流亡政府的出海命令,并且声称只接受一个包括民族解放阵线代表在内的政府的命令。其他属于盟军的希腊部队中也出现了类似骚动,约五千人的希腊旅全体拒绝服从命令,结营自守,在英军的包围下断水断粮也未屈服,直到英军开始炮击军营方才缴械。

面对严峻的局面,丘吉尔在继续谴责希共叛乱的同时,他打了两张牌——先命下属在希腊策划成立一个反共联盟以遏制希共快速增长的势头,然后又将流亡政府的门面从不得人心的国王乔治二世换成了著名的自由主义者乔治·帕潘德里欧(George Papandreou)。由这个"好人"出面,于1944年5月在黎巴嫩召集希腊各武装派别开会,试图以流亡政府方面的让步换取成立一个包括希共在内的民族团结政府。民族解放阵线共派出6名代表参加了会议,经过一番唇枪舌剑后在会议形成的《黎巴嫩宪章》上签了字,他们为民族解放阵线在民族团结政府中争取到了5个部长席位(总共20个部长)。但在这些代表回国后,民族解放阵线否决了《黎巴嫩宪章》,拒绝参加民族团结政府。

显然,希共不愿意在光明前景下放弃自己的

政权。可到了 1944 年 7 月 29 日,希共却突然通知流亡政府:只要帕潘德里欧下台,希共就愿意带领民族解放阵线参加民族团结政府。尽管流亡政府和英国明确拒绝了希共开出的条件,希共还是在 8 月 18 日表示同意按《黎巴嫩宪章》的条件参加帕潘德里欧主导的民族团结政府。这个峰回路转的结果让所有人都大吃一惊,除了其中有极个别人知道:在希共态度突变之前三天,一个苏联使团(波波夫使团)秘密抵达了希腊。

7 月 26 日,搭载着几位苏联军官的飞机从南斯拉夫飞到英美位于意大利的基地——巴里(Bari),随后向英方申请进行一次越过亚得里亚海的测试飞行。谁想,得到批准后,这架飞机一上天就转向希腊,最后降落在位于西色萨利的希腊人民解放军和希共总部附近。

从天而降的苏联上校怎能不令日日盼望红军的希共游击队欢呼?但这股热乎劲儿没能持续太长时间。关于波波夫上校与希共领导人谈话的内容,没有任何文字记录,也没有足够详细的回忆材料。在波波夫抵达次日,英国和美国驻希共游击队的联络官曾串通一气,想用伏特加和威士忌让波波夫等人"酒后吐真言"。但用这一招来对付俄国人可谓失策,英国联络官在喝得人事不省前听到的最后一句话是"斯大林万岁"。

不过即使是普通的游击队员也可以看到,笑容从希共领导人的脸上消失了,苏联上校多半是劝他们接受"招安"的。已经公开出版的希共领导人的回忆录中均提到,大家对这位苏联上校的到来大失所望。

然而失望的也可能是苏联人。斯大林对希腊共产党有许多疑问,其中最重要的是:以农民为主的希共是否为"纯正"的共产党,希共游击队到底有多少胜算在英国直接干涉的情况下夺取政权?所以波波夫上校不见得就一定是来"宣圣旨"的,他也有可能是来替斯大林探查希共成色的,或是两项任务兼而有之。

1944年夏天的斯大林还没有形成固定的战后外交方针,为了重建苏联并确保国家安全,他仍然期待在不付出重大代价的情况下维持与英美的盟友关系。但如果英美做得太过分,他也不会放弃自己的核心利益。历史学家们至今仍不清楚,究竟是斯大林在得到波波夫使团的报告后觉得希共武装的实力不足,所以不愿在其身上下注,还是他早已决定为了在其他地方与英美实现妥协而抛弃了希腊共产党。无论如何我们已经知道结果:希共暂时成为弃子,苏联既不愿意像对待南斯拉夫的铁托游击队那样给予政治支持,也不愿提供希共武装迫切需要的军火,反而劝其参加"联合政府"。在此期间,除了波波夫使团之外,苏联在埃及的外交人员也频繁给希共代表递话,表示苏联不希望看到希共用武力夺权。

无奈之下,希共于1944年9月与迁至意大利卡塞塔的希腊流亡政府达成《卡塞塔协议》(The Caserta Agreement),解散与流亡政府分庭抗礼的民族解放政治委员会,以派代表入阁的形式参加民族团结政府,并且同意让自己的武装归英国的斯科比将军指挥。

一个月后,这个安排得到了最高层的确认。1944年10月,丘吉尔亲临莫斯科,在把美国晾在一边的情况下与斯大林密谈战后东欧国家的势力范围划分问题,史称第四次莫斯科会议。就如同今天去境外旅游的人在语言不通的市场上拿着计算器砍价一样,丘吉尔在自己的翻译转述冗长的外交辞令的间隙，在一张小纸片上简洁地写下了一串地名和数字，并亲手递给桌子对面的斯大林。斯大林在听翻译的同时，随手拿起蓝色铅笔在纸片上打了一个大勾，"一切就这样解决了，比把它写下来还要快"。

在领导人中，丘吉尔已算是个性十足，但他仍抱有民选政府首脑特有的谨慎和伪善，他建

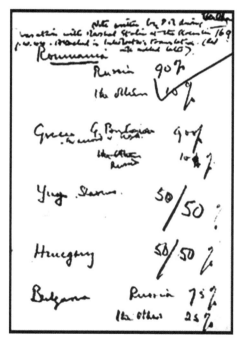

图8 百分比协定

议："我们用这种草率态度处理这些关系到千百万人生死的问题，难道不会被人说成是玩世不恭吗？让咱们把纸片烧掉算了。"而斯大林却有心展现独裁者特有的幽默："不，你保存着。"于是，我们今天仍有幸能看到这世界政治残酷真相的见证，纸片上第二条写的就是希腊："大不列颠90%，俄罗斯10%"。

为了让自己的良心稍有安慰，丘吉尔在回忆录中自辩：之所以用在小纸片上画百分比这种近乎"玩笑"的方式与苏联沟通，是为了获取一种指导方针，"一旦我们把这些事情处理妥善，我们也许可能制止一些有关的小国家发生内战、流血事件和争执"。没有什么话比这些辩白更令希腊人觉得讽刺了。早在二战爆发之前，希腊人已经在为要不要国王争得不可开交，如今共和派虽然与希共争地盘，但他们也不愿意国王再次回到雅典，而希腊抵抗运动中力量最强大的希共对国王只会更加厌恶。大国首脑们在云端定下的协定罔顾希腊实际的人心向背和力量对比，硬是要让希腊重归君主制，这样开倒车的安排怎么可能让争斗平息？

没有谁比英国人更清楚自己意欲扶持的这个希腊政府有多么脆弱。帕潘德里欧不是戴高乐，他手上根本没有基干队伍，其政府唯一的武力依靠就是一小群愿意为英国人效力的希腊人，而这群人中有相当一部分昨天还在为德国人看门。

希共武装仍然控制着雅典以外的广大地域，在德国人1944年10月从希腊撤军之后，希共只是出于对苏联的敬畏才没有把自己的宿敌赶到海上。但英国的外交大臣艾登已在警告政府："如果掌握着强大武装的希腊共产主义分子想要夺权，那么可能会发生一场屠杀。这将大大折损我们的

图9 帕特农神庙前的游击队战士

颜面,乃至将让希腊加入战后明显受到俄国人影响的巴尔干斯拉夫阵营,而这正是我们费尽心力要阻止的事情。"在这个岌岌可危的时刻,最重的担子压到了名义上的希腊武装力量总指挥斯科比将军肩上。

二、内战开启

1.“十二月起义”

时年51岁的斯科比身材瘦削高挑,一张典型的英式长脸上鼻梁高耸,一撮修剪成三角形的胡子使得他换上便装就成了老派的英国绅士。斯科比是1914年参军的老兵,他在二战中曾经率领英国陆军第七十师与

图10 斯科比像

隆美尔的非洲军团对阵,于“十字军行动”中破解托布鲁克之围,后升任中东英军总参谋长。1943

年12月，他被任命为第三兵团司令，专门负责希腊事务，并由《卡塞塔协议》获得了节制所有希腊武装力量的权力。

在丘吉尔看来，如果盟军（也就是英军）不"采取坚强的手段来控制当地局势"而放任共产党人在希腊建立政权，不仅巴尔干地区的其他国家会陷入同样的处境，共产党游击队同样活跃的意大利和法国也将像多米诺骨牌一样倒下。因此必须立一个规矩：刚刚从德军手下解放的国家不应立刻举行公民投票或普选，换句话说，应该由盟军而不是本国的武装力量决定这个国家的政体。

如此罔顾希腊本地力量对比的设想实质上是要将希腊"推回"战前状态，也就是说，英国不在乎在地中海的东边再造一个希腊版的"佛朗哥政权"，他们在乎的是使希腊这个国家重新变成大英帝国与印度之间海运通道的看护人，确保苏伊士运河周边的制海权绝对掌握在英国手中。要实现此目标，最理想的情况是由英军解放希腊，但德国重新占领意大利后亚平宁半岛的战局呈僵持状态，英国一时无法抽调足够的军队到希腊。于是就有了一个折中方案：让一向稳健的斯科比少将带着五千英军控制雅典,再凭借英国的威望和随军而至的粮食控制整个希腊。

　　本来,长期与希共游击队合作的英国特别行动执行处能够成为英国政府内部的平衡力量,至少他们的情报和经验能帮助英军更为有效地与游击队沟通。然而自德军于1944年10月撤走之后,英方专门负责敌后工作的英国特别行动执行处也不再将希腊作为工作对象,一大批熟悉希共游击队的工作人员随即调离,取而代之是斯科比第三兵团的军官。跟那些一心以对德作战为目标且工作细致的英国特别行动执行处人员不同,语言隔阂、意识形态偏见和殖民时代的旧习气让新到的英国大兵与希共游击队不能相容。当斯科比带领的英军准备为光复希腊举行一次庆典时,他们根本没有想过为希共游击队的领导人安排任何观礼席位。一位尚未离去的英国特别行动执行处官员问及此事时,斯科比的副官喃喃自语般反问:"游击队的领导人……这事儿跟他们有关系吗?"

　　如果是在几十年前,像斯科比这样的传统军官或许有机会顺利完成丘吉尔所交付的任务。但斯科比并不理解整个世界已经发生了剧变,他拒绝相信游击队才是希腊战场对德作战的关键角色,对五万游击队员在希腊民众中享有的威望一无所知。他把希腊的解放看成自己那五千杆枪所取得的战果,而将游击队视为乌合之众,因而拒绝为希共游击队中的军官保留任何军事或行政职务,居然设想像解雇一批临时工一样用一纸命令把这些身经百战的勇士赶回家放羊。

相比之下,戴高乐政权光复法国之后审判了十二万通敌分子,处决了其中的约一千六百人,并将法共游击队官兵纳入国防系统。

最初,希共方面并没有完全拒绝整编军队的提议,但坚持要一碗水端平,在解散希腊现存的全部武装后重新成立国防军。斯科比对这个要求不屑一顾,他坚持认为一直挂名在流亡政府之下并受英军指挥的希腊"山地旅"和"神圣营"早已是希腊的国家部队,无须再解散改编。游击队员们不得不看到:自己要缴枪,而那些曾经的"卖国贼"和死对头保王派的部队却可以保存建制,万一对方翻脸,会不会再来一次30年代的白色恐怖?

随着英军后续部队（至10月底已有22600人外加5个空军中队）及"山地旅"和"神圣营"的到来，斯科比愈加底气十足。12月1日，他勒令游击队必须在10天内解散，即使临时政府中的五位民族解放阵线的部长以辞职相威胁，他也不为所动——这成了压垮骆驼的最后一根稻草。12月3日，民族解放阵线重新设立了一度解散的民族解放政治委员会，并于同日组织大批左翼群众到雅典宪法广场游行，随即发生了本书开篇"楔子：十二月的那声枪响"中的那幕惨剧。

图11 此图片为希腊导演安哲罗普洛斯的电影《流浪艺人》中反映"十二月起义"的剧照，值得注意的是游行队伍同时也打着英国和美国的旗帜

然而希共在"十二月起义"前后的表现让人疑惑。

如果希共确如反共人士所言是斯大林的驯服工具，那么它应该老老实实地带领民族解放阵线加入民族团结政府，不要给斯大林的战后安排添乱。可是希腊人民解放军在内战的枪声响起之前确有集结，而且内战开始后解放军很快就将政府军逼到了雅典一隅，几乎就要赶入大海。由此来看，岂能说希共对内战全无准备？

如果希共的确有夺取政权的决心，为何在占有兵力和装备优势（英军没有重武器）的情况下，不用精锐部队冲入雅典控制局面，却让类似于"县

图12 "十二月起义"开枪之后的景象

大队、区小队"这样缺乏战斗经验的地方部队进攻？为什么先是不敢向保卫希腊临时政府的英军开枪，然后又始终将战斗局限于雅典，不敢围歼分散于其他地方的英军？结果等到英军携带重武器的增援部队到来，希共的处境迅速恶化。

与绝大多数重大历史事件一样，"十二月起义"之后呈现出的局面是多重原因共同作用的结果，而且由于一手资料奇缺，历史学家们至今仍对许多细节持有不同看法。不过，要是我们观察大脉络的话，希共的行为逻辑和形势的演变轨迹也并非不可理解。

首先，人们不能假设希共及其控制的希腊人民解放军有一套如臂使指的指挥系统。在德军入侵以前，梅塔克萨斯的政治迫害已将众多希共领导人投入监狱。德军占领希腊后，包括扎希阿里阿迪斯在内的部分希共领导人被转移到德国集中营，另一部分趁乱越狱，其中就有"十二月起义"时期的希共领导者，人称"西奥大叔"的西安托斯（Georgios Siantos）。

与众多出身于小知识分子背景的希共领导人不同，西安托斯是色萨利乡间农夫的儿子，所受的教育不多,当过兵也当过烟草工人。1922年,32岁的他成了希腊烟草工人工会的总书记,进而加入希腊共产党的前身之一希腊社会劳动党,并在1927年进入政治局。1931年,获得共产国际青睐的西安托斯在莫斯科工作两年之后返回希腊。1936年,"准独裁者"梅塔克萨斯掌权后开始加大对政敌的迫害力度,当选为国会议员后不久,西安托斯被关进监狱。后值希腊遭德意入侵,西安托斯越狱后成为希共抵抗运动的实际领导人。

图13 西安托斯

在抵抗德寇期间,西安托斯采取了一条类似于中共"抗日民族统一战线"的政治策略(当然这也同样与莫斯科的指导有关)。他组织的以希共为核心的民族解放阵线照顾了希腊农民看重土地、家庭和教会的想法,将凝聚人心的焦点放在抗击德寇上,并没有过分强调共产主义的最高纲领,大大改善了希共在普通农民中的形象。与从前遥远且松散的王国政府不同,希共将治理的根须深入每一个村庄,为乡村普及基本教育并积极提高妇女地位,由此将希腊北方山区中的绝大多数农民(特别是长期被此前的政权忽视的妇女和儿童)组织了起来。同时,对于城市内的和希腊中产阶级以上的爱国者而言,民族解放阵线也比远在埃及开罗的乔治二世流亡政府更具有吸引力。一些原先对希共不感兴趣的知识分子和市民也怀着民族主义的热情投奔民族解放阵线,这些人提升了希共武装的整体文化水平并增加了他们在希腊社会中的代表性,其中的不少人在此后还加入了希共。与此同时,民族解放阵线接受了英国的援助,1943 年又获得了意大利降军的武器,逐渐变得兵强马壮。

不过，在德军的压制下，沟通不畅的各希共游击队之间一直保持着"去中心化"的特点，各队间的联系也相对松散，这导致了希共武装并不一定总能执行一致的政策。同时，紧张的战事也让很多农民出身的游击队员没有时间系统地学习共产主义理论，与其说他们是为了国际共产主义运动而战，不如说是为了本村的友邻和"恩人"而战。对于城市出身的爱国者来说，更多是为了希腊而战。

在1944年夏秋这个关键时期，西安托斯领导下的希共中央是游移不定的。地盘和武装上的巨大优势，让希共不愿意放弃夺取政权的可能性，但波波夫使团的到来又让希共担心单凭自己的力量战胜不了英国扶植的希腊临时政府。西安托斯最初的设想是先按照苏联的意见派代表入阁，让希共游击队员加入临时政府的军队，然后逐步架空政府并控制希腊正规军，这相当于是重新上演一出希腊木马计。

但其他一些希共领导人和游击队的中下层军官依然担心：如果不能保留建制完整的部队，希共将重新面对1936年任人宰割的状态。所以希共的领导层总是处于主战与主和的摇摆之中，而西安托斯又没有斯大林或铁托那样一锤定音的地位，这才会出现1944年5月民族解放阵线的代表已经同意的《黎巴嫩宪章》又遭到希共总部否决的怪事。12月1日，希共中的主战派在听到临时政府要求解散游击队武装的命令之后情绪十分激动，不愿意在昔日敌人当上警察的时候放下手中的枪。冲突发生后，一位去解放军指挥部"劝降"的英国军官留下的记录称：这些人"说他们必须保留武器，不然就无法在希腊本国的法西斯分子面前保护自己。他们坚持认为，英国人无权干涉希腊的事务"。

希共中央之所以在内战的前两周反应迟缓，是因为西安托斯等领导人犹豫不决，他们自己也没有料到事情会发展到这个地步，虽不甘心却又没有制订详细的武装夺权计划。流血冲突发生后时局的发展瞬息万变，希共又难以对民族解放阵线中的各队严加控制，同时也有某些人想将一场混乱作为实现自身野心的阶梯。

其次，民族解放阵线所憎恶的主要是乔治二世及其鹰犬，主要诉求是改组临时政府并惩办通敌分子,不想也不敢(至少在取得苏联的支持之前不敢)与英国军队开战。但他们低估了英国卫护临时政府的决心,这决心并非某种偏爱而是源自英国人反共的战略意图。流血冲突发生后,临时政府总理帕潘德里欧很快就撑不住了,是英国人生生将他按在总理的位置上,不许其按民族解放阵线的要求辞职。

图14 英军伞兵第二旅第五营的士兵在防守雅典,墙上的字母KKE是"希腊共产党"的缩写

十二月的枪声响起之后,世界舆论曾一度对希共非常有利。由于此时二战还没有结束,西方

国家的媒体对希腊临时政府镇压抗德英雄们的行为十分不满,英国政府在舆论场上很是狼狈,斯科比也将英军龟缩于雅典。不过这样的态势也给西安托斯等人造成了一种错觉,即英军不会增兵以镇压民族解放阵线。所以希共方面并没有进行全方位的动员,既没有夺取雅典之外其他地方的计划,也没有将其精锐的野战部队投入对雅典的争夺中。客观上,德军在北撤时破坏了所有的铁路

图15 英军和政府军协防雅典,照片左侧那位身着德式军服的人是政府军士兵

和公路，而此时英国控制着海道，这些都造成了游击队方面的运兵困难。

希共完全想错了，丘吉尔手里攥着他们毫不知情的"百分比协定"，从枪声响起的那一刻就下定了消灭希共武装的决心。随着英军的增援部队陆续抵达雅典，希共发现，再想将英国人赶下海已经不可能了。

2. 英国的介入

在丘吉尔那里，英国掌控希腊的权力来自其自身在"百分比协定"中所付出的巨大代价，跟希共本身没有任何关系。早在十二月枪响之前，他就做好了与希共摊牌的准备，1944 年 11 月 7 日他曾给外交大臣艾登留下备忘录："同希腊民族解放阵线发生冲突完全在我的意料之中，而且只要能找到充分的理由，我们就不应该回避这种冲突。"枪响之后，他将攻入雅典的游击队员称作"匪徒"，不惜从意大利前线调派英国陆军第四师至希腊，以求彻底消灭对手。

12 月初，丘吉尔所面对的压力空前巨大。在此前的战争中,他所要应对的压力往往来自敌国,无论战况如何激烈,他总可以站在道德的制高点上,面无愧色地戴着领袖光环。如今,压力几乎全都来自盟友和自己的国民,困难不仅仅存在于军事上,也在政治和道德上,他为自己营造的反法西斯领袖形象已经岌岌可危。

希腊内战不仅仅是"希腊的内战",也是抗德同盟内部的一场内战。在对德战争尚未胜利时就如此自相残杀,激起了同盟国内部的种种困惑和不满。美国的报纸连篇累牍地抨击英国"背叛了他们为之而参战的事业"。美国政府在汹涌的舆情面前只能表示中立。罗斯福总统于12月13日致电丘吉尔,在说明了美国政府只能如此表态的苦衷之后,也委婉地规劝丘吉尔同意希共关于解散包括"山地旅"和"神圣营"在内的一切希腊本土武装的要求。在英联邦内部,加拿大总理向本国公民公开许诺,不会让英国在未经加拿大政府允许的情况下将加拿大军队用于希腊战场;新西兰迫切要求英国为在希腊采取镇压行动的必要性予以说明。

此时此刻,丘吉尔的表现与其说像一位民选

的政府首脑,不如说更像历史上的那些"雄主"——意志坚定且心狠手辣。雅典枪响次日,他并没有通知内阁,而是与外交大臣艾登两人定下了必须暴力镇压的原则。他于12月5日电告斯科比:重中之重是保持英军对雅典的控制,"你如果能不经流血而完成这个任务,当然是一大好事,但必要时,即使流血也无所谓",哪怕游击队把妇孺放在身前,在危急时也"不必迟疑,直接开枪"。

丘吉尔并不担心战事的规模和残酷程度,反而在传来希共有可能提出和平条件的时候感到异常担忧。他在12月8日的电报里一边给斯科比打气,称"大批援军正在运来",一边警告斯科比:不可轻易议和,"尽你力之所及,务使我们不因仁慈之故,而失去我军已得的或仍可获得的战果",若要达成妥协必须事前上报。也就是说,斯科比自主决定开枪乃至扩大战争都不用负责,但擅自媾和则不可。

面对物议沸腾,丘吉尔拿出他那张"咆哮的雄狮"(The Roaring Lion)照片中的气势,毫不让步。他认为美国舆论的攻击是"感情用事",对《泰晤士报》称其正在施行反动政策也无动于衷,反而于

12月8日在下议院为自己的决定进行了理直气壮的辩护。他对反对派议员称希共游击队为"民主之友"嗤之以鼻："民主不是街头的荡妇，可以同手提冲锋枪的人随便一拍即合。"不过此时他似乎忘记了，英国所支持的临时政府的合法性也不过是建立在皇家海军的大炮上的。他坚持"以普选为基础的自由选举"才是民主的基础，才能产生政府的合法性，却绝口不提正是他决定在赶走德国人之后暂时不举行希腊全国大选，以免左翼政府上台。事实证明，英国政客们的心比记者们要冷酷

图16 "咆哮的雄狮"——丘吉尔像

得多，下议院以10∶1的压倒性多数通过了对丘吉尔战时内阁的信任案。

　　站稳了脚跟的丘吉尔随即授予刚刚晋升为元帅的地中海战区盟军最高司令亚历山大以对希腊采取一切军事行动的全权，英军第四师亦于此时从意大利前线赶赴希腊。在第四师到来之前，12月11日前后是驻希腊英军最为艰难的日子。即便"猎户座"号巡洋舰上的海军陆战队已经登岸助战，但雅典旁边的比雷埃夫斯被希腊人民解放军占领，去往雅典机场的道路也被游击队持续骚扰，英军调集来的援助很难送到尚在希共控制之下的市中心，而在城内作战的英军只剩下6天的口粮和3天的弹药（这是丘吉尔回忆的数字，另一位亲历者的回忆是"5天的存粮和8天的弹药"）。

　　除了军事进攻之外，希共还发动了雅典工人总罢工。雅典的水、电和煤气全都中断，码头上的船只无法装卸，市内交通和通信基本断绝。由于从前的侍者大多响应了罢工的号召，有些甚至直接投奔希共，英国大使馆和英军指挥部几乎连服务员也找不到了，洗衣做饭的事只能自己干，而且每人每天只能分到半加仑水（2升多）。

12月16日，就在雅典的战局仍在僵持而英国正从西线往希腊调兵的时候，不久前似乎已经奄奄一息的德军突然在阿登地区发动了一场迅猛的反击战，英美军队一时间被打得措手不及。同日，美国盟友向丘吉尔发来新的警告，并且询问让希腊的东正教大主教代国王摄政，以求政治解决希腊问题的可能性。美国的支持是英军能继续战斗的决定性因素，丘吉尔不敢怠慢，于次日在给罗斯福的电报中首先详细解释了大主教代国王摄政的诸多困难，如果此时解散"山地旅"和"神圣营"就等于让他们"任人宰割"，至于是否做出某种妥协将由今后三四天的战况决定，而英国陆续到来的援军正使自己在战场上占据优势。最后他还强调，英国在希腊作战并不是"想从希腊得到什么东西"，而是为了英美的"共同事业"。其实丘吉尔自己的底气并没有那么足，次日（12月17日）他即向亚历山大元帅垂询"现在被围困在雅典城内的英军有没有大批投降的危险"。

无论如何，丘吉尔的坚定态度暂时稳住了重要盟友。同时，英军还在一夜之间组建了希腊国民警卫队，所用的骨干几乎都是那些曾经在德国人手下与希共游击队打过仗的希腊人。不过,对战局产生决定性影响的,还是从意大利调至希腊的英军第四师。该师从尚在英军控制之中的卡拉马基机场出动,以装甲部队打通从机场到雅典市中心的交通线,然而再协同希腊政府军夺回比雷埃夫斯港口,从而恢复整个雅典地区的后勤网络。

图 17　一身德军打扮的希腊政府军士兵（拍摄于 1944 年）

最终,希腊人民解放军的攻势在 12 月下旬宣告失败,其主力部队于 22 日起分批从雅典和比雷埃夫斯地区撤离。不过局面还远不能称得上明朗,对于雅典之外的山区,英军指挥员明确表示无力进剿。毕竟,当初德军在希腊大陆上驻军六七个师,在希腊周边岛屿上驻有约四个师的兵力,再加上熟悉地形的数万伪军,却依然无法阻止希共游击队发展壮大。

丘吉尔为了鼓舞部队士气,同时也为了寻求一个暂行的政治妥协方案,于25日圣诞节当天访问了雅典。次日晚间,在艾登、希腊大主教、美国大使、法国公使和苏联军事代表的陪同下,他在希腊外交部与三位希共高层代表握手见面。尽管不远处双方的大炮还在相互射击,希共代表对这位英国首相仍然相当尊重,只是不愿意接受放下武器并退出雅典的条件,很可能他们还不相信英国的援军已经改变了战场上的力量对比。丘吉尔并未对谈判的失败感到失望,他依然积极规劝希腊国王乔治二世接受大主教摄政的安排,这对于满足希腊中间派和美国的期望至关重要。对于摄政计划,乔治二世已经多次表示反对,但丘吉尔拿出了约翰牛的倔劲儿,与外交大臣艾登一起苦劝国王并施加了以下威胁:

如果乔治二世敬酒不吃吃罚酒,那么英

国将自行执行摄政计划并立即承认新的希腊政府。

双方僵持到凌晨四点半,乔治二世终于放弃了其实本已名不副实的权力。当天,丘吉尔即将这一成果电告罗斯福,后者回电赞他"希腊之行卓有成效"。

图18 希腊国王乔治二世接见希腊大主教——笑容的背后是残酷的权力斗争

现在一切都取决于战场了。1945年1月3日,英军发动了一轮凌厉的反攻,希共武装支撑不住,于6日完全撤出了雅典及比雷埃夫斯地区。1月11日,希腊人民解放军的代表求见斯科比并要求停火,声称愿意从之前的立场上让步。英军难以直接剿灭希共,更何况还有西线德军的新攻势,英国政府既不可能让更多的部队陷入希腊的泥潭中去,也很难在希共主动求和的情况下顶住舆论压力拒绝谈判。因此,冲突各方基本实现了停火,第二次希腊内战逐渐散去硝烟。

3.失败中的谜团

　　1945 年 2 月 12 日,即《雅尔塔协定》签字次日,希共与临时政府签下《瓦尔基扎协定》(Varki-za Agreement)。希共武装居然也在协定签字后声称自己是胜利的一方,似乎不考虑旁观者会问为何胜利者会被对手收缴武器。显然,"十二月起义"的结局是希共输掉了这场战争,失去了夺取政权的最后一次机会。《瓦尔基扎协定》名义上是实现"停火",实则更像是希共"有条件投降"。英国和临时政府一方实现了自己的战略目的,即解散希腊人民解放军并收缴武器,所付出的代价仅仅是帕潘德里欧下台并以大主教为摄政(这是美国所期望的)。希共依然可以合法地参与议会政治，但经过这场战斗，和平取得政权的可能性大约只存在于部分党员的想象之中。

如果将时钟拨回到半年之前，没有多少人能料想到这样的结局。为什么希共既不按斯大林的安排走"联合政府"的道路，也不干脆在英军再次登陆前抢占雅典？从雅典撤退后，为什么在依然占据全国绝大部分地区的情况下答应缴枪？最后一个不容回避的问题是，他们为什么要在战争中绑架上千名平民作为人质？

第一个问题的答案已在前文之中。由于长期处于游击作战中，1944年的希共是"去中心化"的。党的领导层与中下层之间不是令行禁止的关系。20世纪30年代，特别是梅塔克萨斯时代的白色恐怖，让部队的中下层官兵对归来的右翼政府感到害怕，所以想通过游行示威来施加压力。但突然发生的令希共高层未曾预料到的流血事件，使得希腊人民解放军在猝不及防的情况下进入了战争状态。

而希腊人民解放军之所以没有在1944年10月将归来的右翼政府和英军赶下海，一方面是因为前几年英国特别行动执行处对希共游击队的大力扶植使得相当一部分游击队员对英国还存有"盟友"的错觉(许多人穿的还是英军的战地军服、大衣和靴子,拿的是英军的武器装备),对战时盟友先开第一枪在政治上亦极为不利;另一方面则是来自苏联的压力。失望之中的希共高层在没有苏联援助的情况下下不了与英国"硬碰硬"的决心。

图19　英国伞兵在雅典郊区清理"叛乱分子"

那么,为何在进攻雅典失败后就缴枪呢?海岸线曲折绵延的希腊自古就是一个商业国家,政治上的重心一直在大城市。近代以来,雅典-比雷埃夫斯地区更是成为希腊的绝对中心,希共领导人西安托斯在武装抵抗轴心国之初就认为:"谁统治了雅典,谁就统治了希腊",还曾经试图将处于沦陷区的雅典工人组织起来、编入军事组织,这样"等到解放的那一刻,他们就能控制这座城市"。

除了传统的政治格局之外,希共领导人对中心城市格外看重也与他们对"十月革命"经验的信念有关。在中心城市组织武装暴动,这是唯一的成功案例,中国共产党的"农村包围城市,武装夺取政权"还要等到5年之后才成为第三世界革命者效仿的榜样。西安托斯虽说是农民之子,在党的路线上有更加灵活的态度,但他与扎希阿里阿迪斯一样都是30年代初党内路线斗争的胜利者,是莫斯科青睐的"左派",秉持的自然是苏式革命的"正统"路线。要知道,中共也是在国内革命战争中遭受多次挫折之后才逐渐摸索出自己的道路,而历史留给希共的时间和机会已经所剩无几。

在1945年2月的雅尔塔会议上,苏、美、英三国大致谈妥了对战后世界的安排。斯大林对在此次会议上取得的成果相当满意,不愿出现新的变数。在斯大林看来,如果希共在撤出雅典后坚持在北部山区进行游击作战,不但有可能影响消灭德国法西斯的进程,还有可能导致英美与苏联之间产生新的裂痕。"冷战"的概念在此时是不存在的,斯大林甚至还在指望美国为苏联的战后重建提供资金和技术上的支持。为此,他为苏联势力范围之外的共产党都设计了一条参加"联合政府"的道路,即便这些共产党在自己的国家已拥有了相当强大的武装力量,其中包括了意共、法共、中共,自然也有希共。斯大林打的算盘是,让这些共产党参加合法的议会斗争,不但对苏联与英美达成妥协有益,还能对这些国家的资产阶级政府形成长期牵制。

在希共这一边,"国际主义"在共产国际解散之后仍然对希共领导人的决策产生重要影响。无论是西安托斯还是其他希共领导人都真诚地相信,当时苏联的安全情况决定着国际共运的前途。如果希共的妥协有利于国际共运的大局,那也可以算是一个正确的选择。当然,从希共之前和之后的表现看,它对莫斯科也绝非言听计从,只是当夺取雅典的希望已经完全破灭之后,情绪低落的希共领导层接受了莫斯科的安排。

但扣押人质之事与莫斯科无关，这是希共自己的决定。1944年12月中旬，当攻占雅典的可能性越来越小的时候，希共下令将反动分子的家属扣为人质，带回北部山区。12月下旬，希共所面临的军事形势越来越严峻，因而于此时展开的扣押人质也越来越简单粗暴，没有经过细致的甄别过程和群众工作，仅凭臆断抓人凑数。据参与扣押人质决议的一位女党员回忆："本应该坐下来好好分析哪些人在怎样的情况下应该被带走，然而那时候我们有些同志只是简单地想出一个数字，接下来就竭力去完成它。"这些被粗暴抓走的老弱妇孺只有5分钟时间收拾随身物品，随后就要在冰天雪地里向着北部山区连夜行进，有时甚至不得不露宿野外。这样的转移行动注定要变成"死亡行军"，事实上很多跟不上队伍的人直接就被押送者"处理"掉了。除了人质之外，还有大量雅典市民被当成"阶级敌人"或"卖国贼"就地枪杀，还有些原先加入过希共武装后又改换门庭的人被处决或暗杀了。

今天看来,这是令人难以理解的愚蠢行为。这不仅是因为从人权角度来看不妥,而且扣押人质、"死亡行军"和枪杀政敌吓坏了希腊的中间派(包括原属于左翼的希腊社会党),进一步断送了希共合法上台的可能性。回到历史场景之下,或许就能在一定程度上解释希共做出此决定的原因。因为与英军相比,希共在武器装备上与英军差距极大,英军不但在空军和海军方面拥有压倒性优势,而且陆军的机动性也远超对手。希共下令携带人质,既是为了确保政府兑现谈判中的承诺,也为了让敌方在炮击和轰炸的时候有所顾忌。而且在当时的希共看来,这些被当作人质的都是终将被消灭的阶级敌人。而那些被枪毙的人都是曾经为德国鬼子效力的"希奸",不久前这些反共分子还倚仗德军和伪政府的势力肆意屠杀共产党员及其家属。从处置方式上看,在不久的混战时期各派抵抗运动之间这类未经详细调查和审判的处决行动是司空见惯的事情。而在那个"血色的十二月",极右组织"X小组"也在较小的规模上对共产党员干着同样的事情。总之,往日结下的仇怨让杀红了眼的希共决心在撤离雅典之际"痛快"

一把。

　　右翼分子就此找到了绝佳的宣传材料,并将希共描绘成草菅人命的恶魔。还有人回忆说,游击队员进攻时以妇女儿童为盾牌,令守军在开枪时犹豫,开枪后士气下降。类似的说法为内战获胜者的一面之词,未必就是当时的情形。然而身穿便服且藏身于平民之中、趁敌不备突然袭击,本就是游击作战的特点。再加上希共游击队里女兵众多,这也使英军感到措手不及,让战争变得更加残酷血腥。

图 20　游击队中的女战士

三、进入冷战格局

1.希共易主

前文提过，在1923年强制人口交换的过程中，从土耳其境内被驱赶入希腊的流民成了希腊共产党成长的沃土，其中的佼佼者——尼柯斯·扎希阿里阿迪斯（Nikos Zacharia-dis）。扎希阿里阿迪斯出生于小亚细亚，父亲是一家法

图21 尼柯斯·扎希阿里阿迪斯（1903—1973年）

国烟草公司的职员，原本其家境殷实，却在被驱离土耳其之后陷入困顿。扎希阿里阿迪斯于此时北上苏联，加入了苏联共青团（Komsomol），后蒙共产

国际赏识，就读于莫斯科列宁学院，跟陈云、李维汉、蒋经国、哥穆尔卡、铁托、乌布利希、昂纳克成了校友。

回到希腊后，扎希阿里阿迪斯成了希共的创建者并长期担任领导人。他个人的能力、希腊尖锐的阶级矛盾和世界性经济危机，使得希共在希腊军政府的压制下也取得了非凡的发展成绩，不仅党员数量成倍增长，控制了多个大工会，而且还有多位党员当选国会议员。然而令人没想到的是，1936年，他和其他希共领导人被发动政变的梅塔克萨斯直接送进了监狱。德军占领希腊后，扎希阿里阿迪斯被转移到达豪（Dachau）集中营，直到纳粹德国投降方才获得自由。

仅从个人权力斗争的角度看，扎希阿里阿迪斯回到希共的时间点可谓恰到好处。本来，沦陷时期的代理总书记西安托斯在领导希共武装抗击德寇和伪军的过程中积累了威望，但"十二月起义"的失败和《瓦尔基扎协定》的签字令西安托斯不得不面对来自希共党内的指责。对前途感到迷茫的希共党员将希望寄托在了这位元老——扎希阿里阿迪斯身上。扎希阿里阿迪斯回到希腊后，很快就获得

了党内支持,展开党内斗争,称西安托斯执行的是
一条投降主义路线,结果西安托斯不但被迫下台,
还被指为叛徒,后于1947年神秘死亡。

图22　扎希阿里阿迪斯在演讲

　　扎希阿里阿迪斯所拥有的只有战前的权威,
而没有战时的功勋和基本部队,苏联的支持是他
执掌希共的重要基础。因此,在刚刚成为总书记
时他为希共带来的新路线极为贴合苏联的要求:
宣布希共将放弃武装斗争,争取在议会斗争中取
得胜利。然而谁要是紧捏着莫斯科给的剧本演下
去,就根本不可能在希腊本地的斗争局面下坐稳
总书记的位置。

　　"十二月起义"引发的这场血腥内战,给希腊

社会留下了难以愈合的伤口。靠英国的刺刀站住脚的希腊政府是与战后韩国政府相似的右翼威权主义政府，以非法治的手段迫害共产党员和左翼分子，甚至直接派政府特工进行暗杀活动。饱受打击的希共党员对这场白色恐怖愤恨不已，称之为"单方面的内战"。因此，希共也没有彻底执行《瓦尔基扎协定》，而是秘密保留了部分武器。

当美国进一步介入希腊事务，并不顾希腊左翼势力的反对坚持要在 1946 年 3 月举行大选后，希共党内对于是否参加大选出现了意见分歧。一派认为，既然我们已经公开宣布放弃武装斗争，那么参加选举就是取得政权的唯一途径。当时世界大战刚刚结束，无论希腊还是整个世界都人心思定，假如希共抵制这次选举，将导致自身在国内的政治竞争中彻底边缘化。另一派认为，在目前的白色恐怖之下，希共参选根本没有胜算，选举的结果反而会对党的发展造成束缚；英、美完全不理会希共关于推迟大选的呼吁，这是在拉偏架，民主只是一个噱头，反共才是其真实目标；希共如果不能奋起反抗，打破现有格局，就只能坐以待毙。

对此时的希共而言，拒绝参加选举就意味着武装斗争，这个关系全党生死存亡的决心需要总书记扎希阿里阿迪斯来下。谁都明白，没有苏联的支持，武装夺权希望渺茫，但走合法道路就会被控制游戏规则的英、美及右翼政府边缘化，乃至彻底被消灭——这正是西安托斯在1944年秋天所面临的困局，如今取而代之的扎希阿里阿迪斯依然要面对这个"弃子难题"。

　　能在共产国际时代的历次斗争中生存下来，并在1945年刚刚出狱就迅速掌权的扎希阿里阿迪斯，自然是莫斯科政策的忠实追随者，但他也必须在取得莫斯科的认可与得到本土党员的拥护之间取得平衡。1939年意大利入侵希腊时，斯大林尚与德意集团打得火热，时任希共总书记的扎希阿里阿迪斯为了照顾党内的民族主义情绪，也不得不宣布暂停与右翼威权政府之间的斗争，先共同抗击外敌——这是他第一次在重大政策上违背莫斯科的方针。1945年，扎希阿里阿迪斯所面临的局面更加微妙，他作为希共元老有资历上的优势，但一大批在抗德斗争中成长起来的希共党员从未在他的指挥下战斗过。与战功卓著的西安托斯相比,在狱中度过二战的扎希阿里阿迪斯更像是个专搞理论的白面书生。如果不是"十二月起义"遭遇失败,他出狱后能否出任总书记还未可知。然而西安托斯虽然被拿掉了,他的那些老部下依然遍布党内和军中,所以扎希阿里阿迪斯实在太需要一次统帅各部武装、以"战功"证明自己的机会了。

扎希阿里阿迪斯所面临的最大考验,依然是如何面对苏联的既定方针。1946年1月中旬,希共代表团访问了莫斯科,显然是想在3月希腊大选举行之前在是否重开内战这个关键问题上听取斯大林的指示,谁知他们连最高领袖的面也没有见到。该代表团唯一能带回希腊的,是苏共中央给希共的一条口信:"现在就参加选举,之后再评估情况。根据形势的发展进行必要的调整,看是把重心放在合法手段还是武装斗争之上。"至于援助,就更是没有影子的事情了。

对"百分比协定"一无所知的扎希阿里阿迪斯在权衡得失后认为,从当时的情况看,希共在3月大选中获得多数席位的可能性微乎其微。已经士气低落的希共如果再经历一次失败将可能一蹶不振，骨干党员会被右翼政府以非法手段解决掉，而自己的领导地位也难以保全。最终，扎希阿里阿迪斯既不让希共参加大选，也不放弃希共的合法地位。他和其他大多数希共领导人一直留在雅典，直到1947年10月左右才转移到山区。很可能，他们在等待财政的重压使希腊政府自行崩溃，或是引发一场像正统的共产主义革命那样的城市暴动。同时，希共游击队在北方的袭击也并未受到约束，它们可以加大政府的压力并成为希共的政治筹码。至于苏联方面，扎希阿里阿迪斯在赌时局会转变：今天的弃子，明天会重新成为棋子。

不得不说，在举行民主选举这件事上，英美在希腊的确设立了双重标准。1944年秋希共声望正隆时，英国政府坚称此刻战乱未平，不宜举行大选。一年后希共在"十二月起义"中受挫、大伤元气，而且整个国家依旧在白色恐怖和游击战所造成的动荡之中，可这回英美却坚持1946年3月的大选不得延期。

图 23　保王派宣传海报（1946 年）

在希共的抵制下，如期举行的大选结果不出所料，保王派赢得了议会中的多数席位，并在一次"全民公决"之后迎接乔治二世国王回宫。原本在名义上尚属合法的希共，进一步被割裂于国家机器之外。新一轮内战事实上已经开始了，只是由于希共此时所掌握的武器装备有限，并且得不到苏联的支持，所以只发生了零星的战斗和破坏行动。这与其说是内战，不如说是希共武装在扮演原先抗德游击队的角色。扎希阿里阿迪斯也因势利导，试图再现西安托斯领导人民阵线时的成功。他竖起的大旗是反对外国占领和法西斯主义，还把希共武装的正式称号从希腊人民解放军改为希腊民主军（Dimokratikos Stratos Elladas，DSE），以减弱其共产主义军队的色彩，试图吸引更多的"革命同路人"。由于当时希腊政府的武力支柱就是英军，而且确实在施行白色恐怖，人民生活也很困苦，所以扎希阿里阿迪斯认为自己所选择的口号恰如其分，只要逼走英军，希共就有可能在南斯拉夫的援助下夺取希腊政权，自己也将超越西安托斯，成为与铁托比肩的领袖人物。

然而希腊的右翼政府虽然野蛮反共，其合法性与沦陷时期的傀儡政府毕竟有天壤之别。驻扎在希腊的英军与劫掠资源且动辄枪毙人质的德军也有着本质区别。在苏联没有指称英国或希腊政府是法西斯的情况下,扎希阿里阿迪斯试图复刻西安托斯领导人民阵线的成功也就希望渺茫了。

真正让政府和英军无法结束内战的,是希腊濒临崩溃的经济状况。如果政府再提升军费对付希共游击队,恶性通货膨胀就会迅速摧垮这个政权。可如果政府不大幅度提高军费投入就无法迅速获胜,迁延战争就会导致希腊人的生活条件一直得不到改善,游击队就总能找到大量对政府不满的同情者,并隐蔽于其中。希腊政府军队对希共武装的清剿持续了一整年,却屡屡失利。这时候不光是希腊政府撑不下去了,连英国人也撑不下去了。到了1946年末,希腊政府进退失据的窘境已让扎希阿里阿迪斯重新燃起了夺取政权的雄心。尽管希共的实力已经大不如前,但倘若没有外力,内战的结果还很难说。外力由何而来?已经疲态尽显的大英帝国将目光投向了刚刚崛起的"新罗马"。

2.美国接棒了——《杜鲁门宣言》

本来,如果英国真的能在希腊问题上负起责

任,以美国占领日本的方式协助希腊临时政府建立一个民主和法治的社会,希腊并非没有稳定下来的希望。"十二月起义"失败之后,希共人数大减,很多左翼人士已经决定放弃武装斗争,重新融入主流社会中来,顺从民众在战后期待和平的愿望。可是英国没有担负其重建希腊的社会责任,其希腊政策仅仅从属于自身的安全策略和反共的战略需求。为了彻底扼杀希共,英国把持联合国善后救济总署(United Nations Relief and Rehabilitation Administration, UNRRA, 1943年成立)运到希腊的援助物资,阻止其流向民族解放阵线控制区域。结果这些救命用的物资大多被希腊临时政府内部的权贵鲸吞,并大量流向黑市。(在联合国给希腊的援助中,美国买单的是绝大多数。不过到1947年初为止,美国对希腊的援助虽也包括军事方面,但经济和财政援助才是其核心内容。)

受其反共战略的牵引,英国并没有仔细考虑如何使遭轴心国占领并蹂躏的希腊重新整合起来,如何使左派和右派逐步消解战前和沦陷时期积攒的仇恨。当右翼分子在镇压"十二月起义"后志得意满,不断用非法治手段迫害、暗杀共产党员的时候,英国驻军没有进行有效的干预。那些本已准备解甲归田的前游击队员们看到昔日的同伴惨死,只得再次拿起藏匿的武器,在党内呼吁打响新一轮内战。

英国在战后初期还没有认清大英帝国已经无法维持的事实,出血本也要稳定自己在东地中海的战略要地。从1944年到1947年,英国对希腊提供的军事援助高达三千万英镑,还提供了一千万的货币基金。希腊政府军的武器、军队后勤主要都是英国提供的。英国人不是不明白单靠军事援助难以根除希共兴起的基础,只是在经济上已实在是力不从心了。大英帝国战胜了纳粹德国的挑战,但这是一场筋疲力尽的惨胜。战争结束后,西欧恰逢一个罕见的粮食歉收年,英国本土居民与战败的德国人一样挨饿,如果没有美国的食品援助,许多英国人恐怕撑不过1946年的冬天。所以无论是军费、食品还是人力,都已经无法再用于希腊局势。1946年工党上台后,英国政府开始认真考虑全面收缩海外势力,既无能力也无意愿再援助希腊的战后重建。

1944年12月被打烂的希腊只能再次滑向冤冤

相报的旋涡。从这个视角看,希腊固然是苏联的弃子,可它又何尝不是英国的弃子?

英国比苏联略强的地方仅仅在于,新崛起的超级霸权——美国——无论在种族、语言还是政治制度上都与自己更为接近。因而英国人有希望像古希腊人指导后起的罗马人那样,用多年积攒的经验和智慧(包括关于骗术的"智慧")去游说美国人为自己的利益服务。从外交战略上看,让美国接手东地中海可以迫使美国改变孤立主义的外交传统,全面参与到国际事务中来——特别是将美国留在欧洲,挡住苏联。

罗斯福去世后,领导美国的是没有上过大学的前神职人员哈里·杜鲁门。突然担负大任的杜鲁门此前仅出国一次(一战时作为炮兵上尉在法国作战),相对缺乏处理国际事务的经验。与充满个人魅力的罗斯福、丘吉尔这样的老牌政客相比,杜鲁门与许多普通美国民众一样,喜欢通过一些简化之后的概念去理解国际事务,而不善于对错综复杂的外交问题进行马基雅维利式的处理。他把共产主义视作对美国生活方式的挑战,他认为斯大林在波兰问题上食言、在伊朗危机和土耳其危机中贪得无厌,所以完全赞成国务卿乔治·马歇尔(George Marshall)对于遏制共产主义扩张的意见。

图24 乔治·马歇尔
(1880—1959年)

视线暂时转到中国。作为总统特使,马歇尔在1946年为调解中国内政,"空中飞人"似的整整忙了一年。他从未低估这项使命的难度,但还是认为在美苏已经达成共识的情况下,实现"蒋之下的和平"大有可为。可等他深入了解中国的情况后才发现,美苏之间的共识其实没有那么清晰,而中共也绝非斯大林可以随意控制的棋子。4月的四平之战让他看到,国共之间几乎没有丝毫信任可言,而国民党对自己的实力和优势估计过高。因此,除非美国愿意深深卷入中国内战,乃至直接参战,否则美国对国民党政府的援助注定是低效的,这样将关键资源投放到东亚的行为正中苏联下怀。在当时的时局下,为了相对于美国利益而言更加重要的欧洲,马歇尔在1946年下半年其实在安排美国的力量逐步撤出中国。事后看来,他的明智选择让美国避免了越战悲剧提前发生,而麦肯锡主义者竟以此指责马歇尔通共。

1947年1月,马歇尔黯然离开中国,旋即出任国务卿。他虽未能完成调处国共纠纷的使命,但他在中国的这一年并没有白白度过,中国的经济崩溃与中国共产党勃兴之间的联系给他留下了深刻印象,并引发了他对欧洲的深深忧虑。用丘吉尔的话说,战后欧洲是"一片瓦砾,一个停尸房,一个滋生瘟疫和仇恨的地方"。马歇尔就任美国国务卿后很快下令组建了一个由乔治·凯南领衔的"政策规划室"(Policy Planning Staff, PPS),将主要精力从远东转移到欧洲问题上来。他确信,如果欧洲不能摆脱贫困和混乱,美国将无法遏制苏联的势力扩张。而这一切的关键在于由美国向欧洲注入资本和信心,带动欧洲经济整体复兴。基于这个设想,在马歇尔、凯南和其他国务院成员的努力下,欧洲复兴计划(即马歇尔计划)逐渐成型。

从战略目的上看,马歇尔计划其实就是战时《租借法案》的延续,但此时美苏并未宣战,所以马歇尔计划换了一套包装,以经济援助的面目出现。实质上,这项主要为遏制苏联而铺开的工程无疑是冷战兴起的标志之一。

地处欧洲又正陷入战火的希腊,自然成了马歇尔计划的重点目标。只不过,对于风雨飘摇中的希腊政府而言,以恢复经济元气为手段的马歇尔计划都有些缓不济急,而且此时的英国已经迫不及待地要转手在希腊所承担的义务了。1947年2月21日,英国大使通知美国国务院,英国已经无力再延长对希腊和土耳其的援助,希望美国能在其离开之后填补进来。

美国当然不会随便接下英国留下的烂摊子,其对希政策势必要符合自身利益,并且要整合到遏制苏联的总体战略之中。杜鲁门很早就开始关注希腊局势,并广泛收集情报。1947年1月,美国向希腊派了一个经济使团进行调查,他们走遍了希腊的主要省份,同各行各业人士广泛接触。2月,美国驻希腊大使麦克维(MacVeagh)根据这项调查向华盛顿发报,称希腊政府若得不到及时救助就会全面崩溃:开支巨大的军费吞噬了本就不足的外汇,无法进口国内急需的货物,导致恶性通货膨胀失控;政府军士气低落,民众对政府丧失信心,紧急情况随时可能发生。2月7日,美国中央情报署(Central Intelligence Group,中情局的前身)分析希腊局势时认为:苏联介入了希腊的冲突。如果英国撒手而美国不介入,希腊政府可能几个月后就会崩溃,苏联将会占领整个巴尔干半岛,进而取得对爱琴海的控制,向北包抄土耳其手中的黑海海峡,向南威胁苏伊士运河和整个中东。

　　基于这些情报,杜鲁门于1947年2月27日召集僚属开会,国务卿马歇尔在发言中称,美国"在希腊的利益不仅限于人道主义和友谊方面",也有战略利益存在。他同意中央情报署的分析,认定希共的背后是苏联,而苏联在希腊得手后,其"统治将会扩展到整个中东,直至印度边境。这会对匈牙利、奥地利、意大利和法国造成极大影响"。副国务卿艾奇逊(Dean Acheson)紧接着打了一个很形象的比方:"如果希腊坏掉了,跟着糜烂的就是伊朗和整个中东,这就如同一个烂苹果会毁掉一整桶苹果一样。"经过讨论,美国的决策者们最终认定接下英国在希腊的摊子利大于弊,不能让苏联在东地中海打开缺口,进而控制西欧的工业和中东的石油。

1947年3月3日，希腊政府正式向美国求援。杜鲁门遂在马歇尔计划正式出台前，于3月12日发表的1947年国情咨文中，直接宣布向希腊提供军事援助。在这场后来被总结为"杜鲁门主义"的讲话中，他专门针对希腊的情况声明："自由人民正在抵抗少数武装分子或外来势力征服之意图，美国政策必须支持他们。"

再没有比这更直白的反共宣言了。相比之下，1946年3月5日丘吉尔在富尔顿发表的"铁幕演说"不过是一个老牌反共分子下野之后的喧嚣，而杜鲁门这次则是作为一个拥有世界最强武力且垄断着核武器的大国总统亮明了态度。

随着美国政府的介入，希腊内战进一步国际化，成为美苏对抗的一部分。希共或许会觉得十分委屈，因为他们的敌人从美国得到了全方位的援助，而他们自己从苏联得到的援助却少得可怜，甚至连口头上的承认都得不到。在从1944年到1949年的大多数时间里，身为"弃子"的希共其实是在违背斯大林的意见而进行着武装斗争。但白宫官员可不管这些，他们只是想当然地断定苏联在背后操控这一切。退一步说,即便苏联真的没有插手,希共完全凭自己的本事打下江山,那也意味着共产主义势力在东地中海获得了战略支点,周边国家将会像多米诺骨牌一样倒掉——对美国而言这绝对不能接受。

3.斯大林的转变与铁托的考量

"杜鲁门主义"的出台迫使斯大林重新思考希腊问题。本来,作为已经抛出的筹码,希腊是最不可能发生问题的地方:自从1944年10月与丘吉尔达成"百分比协定"之后,斯大林虔诚遵守协定的态度简直让丘吉尔都觉得感动。"十二月起义"爆发后,英、美报刊都在抨击丘吉尔政府,称其恃强凌弱,在对德战争尚在进行时就血腥镇压抗击德国纳粹的抵抗战士,只有《真理报》《消息报》等苏联媒体对此只字不提。希共起义失败之后,斯大林甚至不让保加利亚共产党领袖格奥尔基·季米特洛夫(Georgi Dimitrov)收留逃到北方的希腊解放军战士。"十二月起义"及之后的白色恐怖时期,扎希阿里阿迪斯和希共政治局在做出组织军事反击决定的前后一直寻求苏联的军事援助,但都落了空。

斯大林的这番态度,绝不仅仅是为了恪守与丘吉尔的"百分比协定",或者说牺牲希腊以换取苏联在东欧的势力范围,他的目光比这更长远,劝希共(以及法共、意共、中共)走"联合政府"的道路,最终目的是以一种苏联可以接受的方式参与罗斯福构想的战后世界秩序,从而在下一次世界大战之前保证苏联的安全。按罗斯福晚年的设想,世界将由美、苏、英、中四个大国维持和平,同时用一套新的金融稳定机制避免1929年"大萧条"那样的祸患。罗斯福很清楚,如果不把一直被排斥在西方之外的苏联拉进新的世界体系,任何战后安排都不可能取得真正的和平。根据罗斯福的设想,1944年7月,44个国家的代表在布雷顿森林召开了国际金融货币会议,美国在会议上对战后世界经济合作机制提出了初步构想,并急切地希望苏联加入。

斯大林并不相信资本主义国家之间真的能够长期维持和平,不过他决心要在战争再次爆发之前让苏联变得更加强大,以便利用战争带来的机遇。所以他愿意在获得安理会否决权的情况下参与创建联合国，也愿意在苏联获得重建援助的前提下参与美国主导的世界金融体系。

然而布雷顿森林体系并不符合斯大林的设想。1945年4月罗斯福去世之后，斯大林总是对美国的安排感到疑心，布雷顿森林体系在他看来正是一个破坏苏联经济安全的圈套。在至关重要的1946年，这种担忧最终导致苏联没有加入国际金融和贸易体系。于是，斯大林参与罗斯福式战后世界秩序的设想落空了，苏联主导的社会主义国家群体实际上已经与美国主导的布雷顿森林体系参与国在经济上分成了两个阵营。

两个阵营在政治上的分化也随之而来。战后初期，英美认为苏联在东欧完全违背了其原本的承诺，波兰问题、罗马尼亚问题、保加利亚选举问题都没有按照《大西洋宪章》的设想和《雅尔塔协定》的字面意义得到解决，所以跟苏联谈判是无效的，只能用实力加以威慑。与此同时，苏联则认为既然英美已经在事实上承认东欧是苏联的势力范围，那么纸面上的那些"民主政府"和"民主选举"等概念完全可以由苏联自己来定义。在苏联看来，自己为了换取在东欧的利益已经牺牲了希腊、法国和意大利的共产党，也没有公开支持中共，英美却在得到了这些利益之后又来跟苏联在东欧问题上抠起字眼，说明这些资本主义国家本性难改——亡苏之心不死。

在斯大林的眼中，英美正企图扶植德国、日本，一场由英美充当后台，由其他仆从国先行上场的"反共战争"随时可能因为某一场国际危机的火星而爆发。1946年初先后发生的伊朗、土耳其和中国东北的危机不断"印证"着斯大林的观察和判断。

1946年3月之后，美国人在伊朗危机和土耳其危机中都表现出了前所未有的强硬态度。苏联的反应看似激烈，实则在这几个地区都有所收缩。在希腊则不同，希共本就控制着不容小觑的武装力量，既然连美国人都如此看重，不妨同意他们闹一闹。今天我们已经可以从解密的苏联档案中得知，"杜鲁门主义"的出台对苏联调整希腊政策产生了重大影响。苏联认为，美国插手东地中海地区将威胁苏联南方脆弱的"软腹部"。这使得已经在伊朗危机和土耳其危机中吃了亏的斯大林彻底放弃了"维持战时同盟"的战略构想,但也给了他一个将"弃子"进行"回收利用"的机会。此时斯大林仍然不相信希共能够武装夺权,所以他没有承认希共所建立的政权,仅开始准许南斯拉夫和保加利亚支援希共。他的算盘是,在希腊掀起新一轮内战就能不断给英国制造麻烦,从而在不破坏《雅尔塔协定》整体框架的前提下分散英美的战略资源,使其无力在东欧与苏联争衡。在苏联亮了"绿灯"之后,扎希阿里阿迪斯于1947年5月到莫斯科觐见斯大林,得到了这位铁腕领袖援助希腊共产党起义的承诺——一个从未真正兑现过的承诺。

斯大林喜欢将所有的选择都留在桌面上。同一时期在中国进行着的国共战争告诉他,共产主义运动在落后国家的发展常常出人意料,自己的判断也是需要不断修正的,中共武装已经挡住了国民党军队的强大攻势,在许多战场甚至积累了一连串的胜利。如果希共在社会主义阵营的支持下坚持下去,希腊就能成为消耗美国国力的无底洞,而苏联为此付出的代价几乎可以忽略不计。苏联始终没有对希共树立的政权予以外交上的承认,其援助也大多由南斯拉夫和保加利亚转交给希共,最大程度地降低了自身卷入希腊内战的风险。不过,南斯拉夫何以就愿意去蹚这浑水呢?

苏联的支持在理论上改变了希共的"弃子"地位,但社会主义阵营里真正深度参与希腊内战的是南斯拉夫。早在德军占领时期,南共联盟与希共就在共同抗击德军的过程中结下了深厚友谊,南斯拉夫的同志不忍看到希腊战友仍处于水深火热之中,早就开始了秘密援助,等到1947年斯大林为希腊内战开"绿灯"后,这类援助的规模就更大了。尽管保加利亚也向希共提供了食物、纸张和15辆卡车等基本物资,但只有南斯拉夫给予了希共武装急需的大批战略物资:3500支步枪、3500挺机关枪、2000门德制机关炮、7000挺反坦克枪、10000枚地雷和12000件衣服。比这些实物援助更重要的是,南斯拉夫还在本国南部与希腊接壤的地区专门留出一片区域给希共武装充当境外根据地。在该地附近生活的主要是马其顿人,早在1944年的"十二月起义"失败之后,就有许多希共的马其顿战士逃到这里,在铁托政府的庇护下逃离希腊右翼政府的追捕。

图 25　逃往南斯拉夫的希腊难民

　　1947年希腊内战全面开打之后，南斯拉夫公开支持希共，逐渐让上述地区发展成了一个自治的"小希腊"。希共在这里有自己的语言学校、新闻媒体、警察局、医院，乃至自己的货币，希腊政府军却不敢实施越境打击。1947年9月11—12日，希共中央在南斯拉夫召开了党的七届三中全会，通过了放弃一切谈判尝试的决议，制定了先解放马其顿、色雷斯，并把希腊第二大城市塞萨洛尼基（Thessaloniki）作为根据地和首都的战略。

　　苏共中央对外政策部在同一时期编写的报告中高度肯定了南共联盟武装斗争的经验，批评意大利共产党和法国共产党对西方的斗争不够坚决,这一论调凸显了苏共对国际形势判断的重大转变。1947年9月22日,共产党和工人党情报局成立,彰显了社会主义阵营协调行动对西方的冷战攻势发动反击的决心。南斯拉夫作为情报局的东道国,在帮助希腊走上社会主义道路一事上担负着当仁不让的责任。

图26 20世纪40年代的约瑟普·铁托(Josip Tito, 1892—1980年)

南斯拉夫之所以愿意下血本支持希共,自然有地理上的原因和支持意识形态盟友的意图,不过更与其指导巴尔干地区革命事业的雄心有关。在战后出现的欧洲社会主义国家之中,铁托治下的南斯拉夫是一个独特的存在。铁托握有真正独立于苏联红军的武装,因此自视拥有更适合巴尔干地区情况的"南斯拉夫经验"。如果希共在南斯拉夫的援助下夺取政权,那么铁托所设想的那个囊括南斯拉夫、保加利亚、希腊和阿尔巴尼亚的"巴尔干联邦"就能初步成型了。退一步说，如果希共不能夺取政权，它也能凭借南斯拉夫的庇护立于不败之地，从而削弱希腊右翼政府，使其不能对当时尚与南斯拉夫极为友好的阿尔巴尼亚构成威胁。

马其顿问题是南斯拉夫愿意插手希腊内战另外一个重要原因。巴尔干地区的民族分布犬牙交错，奥匈帝国崩溃之后，马其顿人其实是一个跨境民族，生活在南斯拉夫、保加利亚和希腊的交界地带。这三个国家基于各自的历史和现实原因都想把整块马其顿地区据为己有，甚至这三个国家的共产党也都有这样的想法。南共联盟的独立强大，为它实现自己的主张带来了优势。1945 年 10 月，有南共联盟的领导人在斯科普里(Skopje，原属南斯拉夫直至其解体，现在是北马其顿共和国首都)声称：有成千上万的马其顿人依然生活在希腊专制王朝法西斯的残暴统治之下。言下之意，是南斯拉夫需伸出援手，让这些希腊的马其顿人与南斯拉夫的马其顿人共同生活在"解放区"。铁托也公开声明：

我们永不否认马其顿族人有联合起来的权利……我们心系希腊马其顿兄弟的命运……

那么这个联合起来的马其顿还会隶属于一个资本主义的希腊马其顿省吗？还是会作为一个整体加入社会主义的"巴尔干联邦"呢？答案不言而喻。

希共并非不知南斯拉夫对马其顿地区的觊觎，但现实中仰人鼻息，容不得条分缕析地讲明白。在公开场合，希共只能声称支持马其顿地区民族自决的权利，这使它在希腊丧失了许多同情者。希共的算计可能是：1922年希腊与土耳其之间进行人口大交换后，来自小亚细亚的希腊人能够为希腊留住马其顿，因为他们的涌入让马其顿地区的希腊人比例由两成提升至六成。

四、希共的失败

1. 僵局

第三次希腊内战大致可以分为三个阶段：

第一阶段，1946年3月至1947年3月，特点是战斗规模较小（绝大多数都在百人以下，而在1946年10月希腊民主军建军之前一般都是十多人的游击作战）。政府军几乎一直处于被动挨打

图27　希腊内战中的政府军

的地步，只是所受的打击都很轻微。

第二阶段，1947年3月至1948年12月，虽然希腊政府军在得到美国的大力援助之后避免了崩溃，但战场主动权依然在希共的民主军一边。为了加大打击力度，民主军开始从游击队向正规军转化，不过一直没有取得过决定性胜利。

第三阶段，1948年12月至1949年10月，希共失去战略主动直至单方面宣布停战，这是希腊内战的最后阶段。

在前两个阶段，内战在绝大多数时候都是一个僵局。

1946年3月30日夜至31日凌晨，希共的一个小分队袭击了奥林匹斯山东麓的一个小镇，摧毁了镇上的警察局并杀死了6名政府军士兵和1名宪兵（2名平民亦在交火中死亡）。希共以此表明了自己对3月31日大选的决绝态度。许多历史学家都将这次袭击当成了第三次希腊内战的起点。

其实，1946年双方的交战规模都很小。此时人数约为七万五千人的希腊政府军刚刚建军，各个层级的军官们都缺乏实战经验，结果导

图28　英国军官在训练希腊政府军士兵

致这些军官没有自信，生怕犯错。英国的观察
员发现，这些部队严重缺乏进攻精神，往往躲在
铁丝网的后面，希望由己方的优势炮火去摧毁
敌军阵地，当敌军真的撤走之后，又不敢在没有
得到上层命令的情况下迅速展开追击。而上层
的指挥充满了政治因素的考量，许多兵力需要
用来防守重要城镇（雅典周边是重中之重），因
而导致机动兵力不足，在中部和北部山区留下
许多空隙。再加上二战期间抵抗组织所破坏的

道路、桥梁大多还没有修复，这让大兵团作战的政府军举步维艰。

政府军内大部分新招募的士兵缺乏训练，军中风气腐败堕落，裙带关系盛行，任人唯亲。由于政府军的许多军官出自轴心国占领时期的伪军，北部山区的居民对他们不信任，他们也常常粗暴地对待村民，这都使得村民更加支持希共。而且政府军军官与新兵之间相互不信任，这样的内耗严重折损了军队的战力。面对灵活机动的游击队，政府军只能痛苦不堪地在山区与之捉迷藏，而且其行军线路早已由能破译政府军电报的希共情报网络递送到游击队。相比之下，政府军的情报部门对游击队简直是两眼一抹黑，往往是仗已经打完了，关于当面之敌的情报才送过来。

内战初期，希共游击队的主要策略是袭击边陲小镇和比较孤立的哨所，他们可以选择战斗的时间和地点，而在政府军主力到来之前已消失得无影无踪。游击队的骨干成员大多在二战时参加过抵抗运动，新招募的人员也来自本地山区，所以易于利用地形和本地熟人的情报网络。

不过,希共游击队的问题在于它们的力量太过分散,以至于虽然能够不断给敌人以打击,但常常只能使对方遭受个位数的伤亡。同时,这样的游击战也难以为希共赢得稳定的根据地,游击队攻下的村庄、小镇,通常都会在一周之内被政府军夺回——一支十几人的游击队无法抵挡正规军的进攻。这样一来,希共就不可能为这些村庄、小镇中的军属和支持者提供保护,其粮弹也就永远处于危机状态。

北部山区陡峭的地貌诚然为游击队抵消了政府军在火力和摩托化方面的优势,但山上极端寒冷、潮湿的气候和厚重的积雪绝不会偏爱游击队员。这里没有多少适合人类生存的地方,而游击队员们为了取暖燃起的篝火又会暴露自己的位置。每当冬季大雪封山,游击队急需的粮草补给难以穿过北方的山口从南斯拉夫、阿尔巴尼亚等地运过来时,就是最难熬的时候。很多在内战中幸存下来的希共老兵回忆:那时不怕敌人,就是怕挨饿。

希共的希望,在于积小胜为大胜,通过不断打击让政府军的士气降到冰点,甚至引起士兵哗变。同时,通过战事的拖延使希腊政府的财政状况不断恶化,直至其统治发生动摇。毕竟,政府在内战中的开销至少是游击队的数百倍,这是政府为其人数和装备上的优势所付出的代价,而孱弱的希腊经济早已支撑不起这样的代价。可以说,希共的军事打击只是撬动局势的杠杆,真正能为希共打破僵局并带来胜利的还是政治上的攻势和经济上的压力。

在美国接手之前,希腊的经济显然正在走向崩溃。早在轴心国占领时期,希腊的货币已在轴心国为榨取物资而滥发纸币的政策下成为废纸。德军撤走后情况并未好转,1948年3月,希腊货币(德拉克马)与美元的比价已到达没有意义的天文数字。市民们领了工资也无以为家,英国驻希腊大使馆曾报告有三分之一(约240万)希腊人处于饿死的边缘。希腊当时情况已经不仅仅是通货膨胀,而是彻底的物资短缺,用美元也很难买到食物。一个鸡蛋几乎能卖到1美元——按照布雷顿森林体系的兑换率,在那时的希腊35个鸡蛋就差不多价值1盎司黄金。

货币超通胀的问题贯穿内战始终,到1949年也未真正得到解决。然而随着1947年3月"杜鲁门主义"的出台,希共通过消耗来拖垮右翼政府的希望变得渺茫了。希腊是一个只有六百多万人口的小国,因而美国数亿美元的援助就能为希腊政府填上财政窟窿,为其装备十万军队就能改变战场态势。更为关键的是,当时美国的形象远比英国正面,它为政府背书,在很大程度上稳固了中间派别和城市居民对希腊政府的信心,这就使得希共的政治攻势更加难以奏效。本来希共觉得时间在自己一边,政府积极内战又不见成效,崩溃是迟早的事

图29 马科斯·瓦菲阿迪斯(1906—1992年)

情。但在美国介入之后,如果不能在军事上彻底打垮反动派,那么希共"民主政府"在合法性上的劣势只会随着时间的推移而不断放大。同时,政府军也在美国的调教和武装下变得越来越强大。

希共作为弱小的一方，能选择的方案很少。要尽快取得决定性战果，就只能把打了就跑的游击战术换成运动战和围歼战，这就需要游击队向正规军方向转化。为此，希共中央于1946年8月任命马科斯·瓦菲阿迪斯（Markos Vafeiadis）统一指挥原先各自独立行动的游击队，并尝试逐步向正规军过渡。10月28日，希腊民主军建军并成为希共武装的正式名称，总司令部设在南斯拉夫境内。在希腊境内，瓦菲阿迪斯还另设有一个流动的前敌指挥部。12月末，希共对旗下的游击队进行整编，使其有了成体系的番号。这既是为加强对原先各"山头"的控制，也是为了今后向正规战方向转化。到此时为止，希共武装的人数虽号称有两三万（一说为一万人），但能归瓦菲阿迪斯直接指挥的民主军部队不过五六千人，主要在毗邻南斯拉夫的东马其顿地区活动。

与扎希阿里阿迪斯一样，瓦菲阿迪斯也是来自小亚细亚的难民。十几岁时，他与其他许多被迫流落到希腊北部的难民一样加入了希腊共产党。抗击德军时期，他参加了抵抗组织。尽管他受的是当政委的训练，但他很快在实战中锻炼成了一位军事技术过硬的战士,多次立下战功,是希腊人民解放军的创建者之一。政治和军事上都拔尖,让他成为希腊民主军总司令的不二人选。

图30 《时代周刊》上的瓦菲阿迪斯

　　内战结束后,曾流传着一种过度简化的说法,称总书记扎希阿里阿迪斯坚决要实现军队的正规化,而总司令瓦菲阿迪斯坚决反对。其实,要改游击战为运动战是当年希共高层的共识。只不过,扎希阿里阿迪斯更多地从国际政治的角度考虑，希望能早点用正规军打下大城市，获得（至少是苏联的）国际承认，这样就能名正言顺地从苏联获取更多支援。而瓦菲阿迪斯则觉得要慢慢来，民主军所能控制的村庄满打满算不超过一百个，而且还处于被分割的状态，供养不了集中行动的大部队，同时希共也缺乏能保证正规军长期作战的军工基础，所以游击战的作战方式在很长一段时间内还是不能放弃的。在第二阶段的内战中，民主军的策略就是上述两种意见的混合，前期以游击战为主，到1948年底已经可以打一些城市攻坚战了。

1947年3月之后，希共的对手名单中加上了当时世界头号强国——美国，战争进入了艰难的第二阶段。不过，在美国人到来的最初一年半内，内战的僵局并没有被打破。美元挽救了希腊政府不假，不过最先从涌入的美国援助资金中获利的是政府中的权贵，这样一来实际上是加剧了希腊的贫富差距，反而促进了希共在城市贫民中的发展，使其地下网络在雅典周边也四通八达。或许美元能够立即支撑希腊的经济，美军顾问却不可能在政府军身上取得立竿见影的效果。1947年4月，美军驻希腊顾问团（USAAGG）成立，但他们看到的是一支没有进取心、贪图在大城市享乐，且被希共渗透得千疮百孔的军队。

　　或许是为了迎接美国顾问团的到来，一直被动挨打的希腊政府军于1947年4月进行了自开战以来的大规模反攻，计划扫荡整个西北部山区，代号"老鹰行动"。然而在接下来的3个月里，民主军凭借优越的机动性和出色的情报工作躲开了政府军的重击，还在好几个地方狠狠打击了敌人，并在7月第一次进行了对城镇攻坚的尝试。士气低

图31　希腊政府军正在盘查这位骑驴子的农妇是否装载了武器（拍摄于1947年10月）

落的政府军再次陷于被动防守之中，他们根本没有足够的兵力备守边境线，因而无法阻止希共武装穿梭于国境线的两侧。

然而战争的天平正随着时间的推移缓缓向政府军一边倾斜。越来越多的政府军官兵已在美国顾问的指导下完成整训，越来越熟练地操控着手中的美式装备，凝固汽油弹等希共士兵从未见过的恐怖武器已如箭在弦上，这些新的因素逐渐抵消了希共士兵在战斗经验方面的优势。与火力差距相比，对民主军更加致命的威胁是希腊政府强制迁徙的政策。这种将难以控制地区的居民迁徙到易于控制的重兵防御地区，以断绝游击队的给养和人力来源，是强势军队对抗游击作战的一个"法宝"。此前侵华日军的所谓"烬灭作战"（三光政策）和"淘水捉鱼"，此后美军在越南战争中设立的"战略村"，都是类似的思路。不得不说，如果贯彻到底，这一战术确实会严重威胁到游击队的生存。但它给被迫抛弃家园的无辜百姓带来的更是无穷无尽的苦难，以至于有些不堪忍受的村民径直参加了民主军。据估计，到1948年2月中旬为止，有48.5万人被希腊政府强制迁徙,到1949年1月这个数字已达66.3万人,约占当时希腊总人口的1/10。

图32 内战中被扣押的希腊公民

2.苏南冲突

对苏联而言,希腊内战的僵局是一个非常令人满意的状态。斯大林重新启用希共这枚"弃子"

的动机,主要是为了给英美制造麻烦,使其不能集中资源在苏联更加看重的地区进行争夺。可如果"麻雀战术"变成了"捅老虎鼻孔",苏联就得不偿失了。其中的微妙区别,就在于苏联必须既让希共有战斗下去的意志,又不让西方社会抓到任何苏联援助希腊反政府军的把柄。所以苏联一方面给希共重启内战开"绿灯",一方面又想方设法地压住车速:其一,共产党和工人党情报局的成立本就是为了协调欧洲共产党的行动,却不邀请希共代表参加,意在撇清苏联东欧共产党共同支持希共武装的嫌疑;其二,以南斯拉夫首的各国共产党希望像当年支援西班牙内战那样组织"外籍志愿军"进入希腊作战,苏联却"一再以国际形势微妙而须审慎从事为由"拖延不办;其三,苏联原本向希共承诺过,如果希共武装成立"一个正式政府",苏联"将立刻承认",结果当希共的"希腊临时民主政府"于1947年12月24日宣布成立时,苏联不但自己食言,还阻拦其他社会主义国家承认这个"民主政府"。所有这一切,都是因为斯大林试图避免在希腊危机中过分刺激英美而引火烧身。

后世常有一种误解，以为1948年的苏南冲突是因为南斯拉夫过于"亲欧美"。事实恰恰相反，那时南斯拉夫的国际政策比苏联激进得多——南斯拉夫与西方靠近是苏南冲突的后果而非原因。为了确定自己东南欧地区革命领袖的地位，实现"社会主义巴尔干联邦"的宏愿，铁托准备"动真格的"。如果希腊革命成功，将极大地改善南斯拉夫和阿尔巴尼亚（南斯拉夫视之为自己的下一个加盟共和国）的安全处境，更不用说会提高铁托在世界共产主义运动中本已崇高的威望。对于希腊革命引发第三次世界大战的危险，铁托并不像斯大林那么在意——天塌下来有个子高的顶着。

　　因此，就在苏联口惠而实不至地"忽悠"希共时，铁托在没有与斯大林商量的情况下干了一件大事：1948年1月19日，铁托"建议"阿尔巴尼亚在阿南部临近希腊边境的地方为南斯拉夫提供一个可供南军一个师兵力驻扎的大型军事基地。如果实现，此举不但大大加强了南斯拉夫对阿尔巴尼亚的控制，还使其有机会在希腊内战的关键时刻突然"入局"。

问题是,阿尔巴尼亚方面愿意接受这样的控制吗? 阿尔巴尼亚领导人霍查(Enver Hoxha)表面上应承下来,转过身就把消息捅到了莫斯科。震怒之下,斯大林指示苏联驻南使馆约谈铁托,指出此举可能导致美英出兵干涉,要求南斯拉夫立即放弃这一提议。铁托在进行了一番辩解之后,最终同意停止向阿尔巴尼亚派遣军队的行动。虽然难以确知其内心想法,但桀骜不驯的铁托岂能不将苏联方面这"一脚紧急刹车"视作对自己的折辱。然而苏方并未罢休,最后还要求南斯拉夫派重要代表来莫斯科讨论两国之间的这一"分歧"。

几乎同时,1948年1月21日,与铁托私交甚厚的保加利亚总理格奥尔基·季米特洛夫访问罗马尼亚时,或许是受到现场热烈情绪的感染,居然声称"一旦条件成熟,保加利亚、南斯拉夫、罗马尼亚等国将和希腊一起,考虑建立联邦或邦联问题"。此言一出,国际舆论顷刻哗然,谁都知道,这几个国家中唯有希腊是资本主义国家,要想建立这个社会主义联邦或邦联的"条件成熟",首先必须让共产党征服整个希腊。斯大林听闻季米特洛夫的言论非常不满,他认为这番话会在这个美国总统大选年促使美国舆情朝着不利于苏联的方向转化。

1948年2月10日,应苏方要求,南斯拉夫和保加利亚都派了高级代表赴莫斯科"对表"。斯大林像一个大家长一样批评了南、保两国的巴尔干政策,在谈及阿尔巴尼亚问题时他说:"如果铁托向那里派去一个师或仅仅一个团",美国和英国"就会大喊大叫说阿尔巴尼亚被占领了,就会充当阿尔巴尼亚独立的保护者的角色"。他明确无误地表示:希腊问题是可能导致世界大战的"国际大问题",而且希共"完全没有胜利的希望,你们觉得英国和美国——美国可是世界上最强大的国家——会让你切断他们在地中海上的交通线吗?绝不可能。而我们又没有海军。希腊的起义必须停止,越快越好。"他认为如果大力帮助游击队,就会为英美提供在希腊建立军事基地的借口。然后又说:现在可以立即合并为联邦的只有南斯拉夫和保加利亚,其他一些国家一起挤进一个联邦是不现实的。苏联外长莫洛托夫在旁边添了一句,称南、保之前的那些想法都是"共青团员式"的

"左"派热情。很明显,苏联觉得这两个国家对希共的支持太过火了,以至于妨碍了美苏博弈的"大局"。特别是这类行动居然事前不与苏联协商,此风不可长,次日苏方即强令南斯拉夫代表签订了苏南两国"有义务就涉及两国利益的所有重要国际问题进行相互协商"的议定书。

如今已经解密的苏联档案表明,斯大林当时尚未想要将南斯拉夫"革出教门",只不过想借希腊问题强化自身在社会主义阵营中的权威。为了保证效果,苏联决心在南斯拉夫表示俯首听命之前暂停向南斯拉夫提供军事工业设备和贷款。苏联人似乎没有感觉到,铁托已经受够了。他在听取了访苏代表团的报告之后,于1948年3月1日召开南共联盟中央政治局扩大会议,并在会上称苏联与南斯拉夫的关系已经"走进了死胡同","南斯拉夫的独立问题"正在受到威胁。会后,苏联在南共联盟政治局中的线人将铁托的发言送到了苏联大使馆。苏、南之间由此开始了一系列相互指责,苏联于3月18日撤走了所有的援南专家,直至6月将南斯拉夫开除出共产党和工人党情报局。

斯大林与铁托之间的恩怨由来已久,然而此次弄到反目成仇的程度,导火索还是希腊内战。苏联与南斯拉夫的冲突对于正在前方作战的希共而言无疑是一个噩耗。希共处于夹缝之中,无论支持哪一方都将蒙受巨大损失。留给扎希阿里阿迪斯的空间,只能是判断究竟哪种损失更加致命:跟着苏联谴责南斯拉夫,将可能导致希共武装丧失在南斯拉夫境内的休整基地;不过,跟着南斯拉夫反对那位他效忠了一辈子的领袖吗?这更加难以想象,甚至队伍里忠于苏联的人可能当天晚上就会打他的黑枪。

　　最终,扎希阿里阿迪斯还是选择了苏联。除了个人效忠和安全方面的考量之外,斯大林多次表示要维护希腊的领土完整也是苏联能争取到希共的重要原因。如果南斯拉夫断绝援助,苏联的援助或许还可以取道阿尔巴尼亚和保加利亚运抵希腊。再者,如果说苏共有"老子党"作风,南共联盟对接受其援助的阿共、希共一样有这样的作风。相比之下,不但苏联这条大腿更粗,而且尊奉斯大林这样一位远在天边的领袖更有利于希共领导层保持相对的独立性。更何况铁托并不是一个传统上与希腊人友好的塞尔维亚人或东正教徒，而是一个天主教地区的克罗地亚人。

希共在苏南冲突中站队之后，也设法将对南斯拉夫的刺激降到最低。1948年全年，希共并没有积极参加整个社会主义阵营的"反南大合唱"，民主军中的南斯拉夫联络官一直在参与希共军事计划的制定。同时，南斯拉夫为了在国际共运中占据道义上的制高点，也没有把事情做绝。希共依然可以自由穿越希腊与南斯拉夫之间的边境线，以便转运伤员和获取军需。

然而如此"首鼠两端"的状态注定不可能长期持续。对扎希阿里阿迪斯来说，只要不支持南共联盟，那么那些民主军队伍中的希腊斯拉夫人就总让人寝食难安。由于那几年希共武装主要在北方活动，这些斯拉夫人已占希腊民主军人数的大约一半。其中最易导致肘腋生变的是与南斯拉夫马其顿人沾亲带故的希腊马其顿人（现代马其顿人其实是6—7世纪定居于巴尔干半岛的斯拉夫人，与亚历山大大帝统帅过的古马其顿人并没有直接联系）。巨大的不安全感使得希共在希腊民主军内部开展了肃清"铁托分子"的行动，而且像一切类似行动一样扩大化了,不仅导致大批希腊民主军官兵遭到处决,而且还使得更多害怕遭到怀疑的指战员向北方逃去。

不久之后,"清洗"的链条抵达希腊民主军的最高层:民主军总司令瓦菲阿迪斯也被打成"铁托分子"。瓦菲阿迪斯不是马其顿人,他与扎希阿里阿迪斯一样是小亚细亚的希腊人,但他为了制定作战计划需要经常与南斯拉夫方面联络,若有人真要"整"他自然不缺少把柄。有人猜测,扎希阿里阿迪斯是在借清洗"铁托分子"清除异己,其依据除了"一山不容二虎"的权力斗争格局外,也缘于二人在军事问题上确实存在路线斗争。民主军总司令瓦菲阿迪斯虽然也曾经赞成希共武装走正规化道路,但在多次攻占城镇的行动受挫之后,他主张回到"密集的、游击战式的行动,用机动性强的轻装小分队执行破坏和狙击任务,从而能够主动挑选战斗的时间和地点"。这就相当于放弃了总书记扎希阿里阿迪斯制定的"夺取北部大城市以获取国际承认"的总路线。1948年11月15日,扎希阿里阿迪斯说服希共政治局通过决议,送瓦菲阿迪斯前往苏联"养病"。几乎与此同时,另一位南斯拉夫在希腊民主军内联络人也被清除。南共联盟从此失去了"联络"(或者说"影响")希腊民主军的可靠手段。

从1948年夏天起,南共开始注意到希共正在清洗亲铁托派。11月,南共联盟收到了希共中央将倒向共产党和工人党情报局一边的情报,但南共联盟没有采取相应的行动。1949年1月31日扎希阿里阿迪斯在希共七届五中全会上明确表示希共将站在情报局和斯大林一边,等于宣告两国共产党公开决裂。三个月后,扎希阿里阿迪斯以希共中央的名义给南共联盟写信,正式对其提出批评。眼看自己一手喂大的希共竟然反咬一口,铁托继续保持了近四个月的高姿态,但最终于1949年7月23日关闭了与希腊接壤的边境。

斯大林得知此事后命令保加利亚和罗马尼亚加大对希共的援助力度,让这些国家为希腊民主军提供基地和医疗设施。

然而一个月后,希腊政府军就占领了希腊民主军最后的基地。

3. 弃子出局

起初,苏联严厉地惩罚南斯拉夫,虽然巩固了社会主义阵营内部的"纪律",但如此打压愿意在希腊内战中动真格的南共联盟,可能会给人留下苏联开始因畏惧与美英发生冲突而"不敢革命"的印象。斯大林在将南斯拉夫"革出教门"的同月(1948年6月)封锁柏林的举动在一定程度上消除了这种印象,不过也更加鲜明地显示出:拥有世界一流工业潜力且便于苏联陆军力量投送的德国才是斯大林愿意下赌注的地方,而不是山羊漫步的马其顿山丘。

在苏联阻断西方三国通往柏林西占区的陆路交通线之后,美国在德国问题上的反应是谨慎而坚定的,试图以史无前例的战略空运在既定的游戏规则之内挫败苏联。相比之下,美国在干涉希腊问题上就没有那么克制了。被派到希腊指挥政府军作战的是后来在朝鲜战场以"范弗里特弹药量"闻名的詹姆斯·奥尔沃德·范弗里特(James Alward Van Fleet)。范弗里特出身西点军校,因陆军

图33 詹姆斯·范弗里特（1892—1992年），拍摄于1953年

参谋长马歇尔将他与一位酗酒成性的同名者相混淆而一直未加重用，长期在本宁步兵学校担任训练教官，这时他正好将这一手练兵的本事用到希腊战场。

1947年4月"老鹰行动"的失败，虽令政府军在美国人面前灰头土脸，却不失为带来新转机的一个契机。一些棱角分明、军事上过硬、政治上"情商不高"的将领开始仗着美国人的支持崭露头角。其中最显眼的是斯拉西武洛斯·察卡洛托斯（Thrasyvoulos Tsakalotos）。他身材健硕，有巴顿一般的火爆脾气和凌厉作风，是希腊军中出名

图34 斯拉西武洛斯·察卡洛托斯（1897—1989年），拍摄于1944年

的猛将。他1897年生于普雷韦扎——那时此城还在土耳其的统治之下，成年后参加过一战以来希军的历次战役，是个坚定的保王派，同时也通过1944年作为希腊"山地营"营长在意大利前线作战的经历赢得了英国人的赏识。希腊复国后，他就任第二步兵师师长，很快又在1947年升任第一集团军总司令。别看希腊政府待他不薄，他却总抱怨是雅典的那帮老爷们的无能才使得"剿匪战争"久拖不决。

仗打到1948年底，雅典政府也坐不住了，他们担心如果还不能打破僵局，美国可能会停止大规模的经济和军事援助。于是政府军高层制定了南攻北守的战略，停止对北部山区的无效攻伐，先稳住战线，然后集中兵力肃清希腊中部和伯罗奔尼撒半岛。在此背景下，察卡洛托斯终于找到了一个大展身手的机会。

开战近三年，希共在伯罗奔尼撒半岛的活动每一分钟都在打政府军的脸。这个古斯巴达人的故乡被大海包围着，与大陆仅有一条极窄的科林斯地峡相连，本该是政府军保有绝对控制权的安全区域，但三年来希共都来去自如——他们在当地的政府官员和驻军中都有隐秘的情报网络，在雅典的政府高层内也有线人。拥有优势兵力的政府军捕捉不到半岛上的希腊民主军主力，拥有绝对制海权的政府军居然也不能有效封锁半岛北面的科林斯湾，反而让这片海域成了希共武装获取军火和给养的主要通道。凭借其情报优势和机动性，伯罗奔尼撒半岛的希腊民主军甚至一度控制了该地的交通枢纽，从而威慑整个地区的居民。

察卡洛托斯为肃清伯罗奔尼撒半岛上的威胁而制定的"鸽子计划"的核心步骤是：先切断希共组织在半岛上的情报网络，再云集重兵阻隔希腊民主军的物资运输线，最后才是以绝对优势兵力实施清剿。在军事行动展开之前，察卡洛托斯用手下第一军团的部队封锁了地峡，若没有警察部门开具的特别证件，严禁任何人出入半岛。紧接着，他又下令于12月27日夜间突然切断半岛与大陆之间的通信联系，然后在有线索却无证据的情况下一口气逮捕了近四千五百名嫌疑分子。这样滥抓滥捕肯定会引起当地官员的不满，但察卡洛托斯相信美国人的支持会让这些人统统闭嘴。事后看，虽然无辜者众多，但这次行动无疑沉重地打击了希共在伯罗奔尼撒半岛上的地下组织，使希腊民主军失去了补给和情报来源。

接下来，察卡洛托斯将自己约两万人的第一军团密密麻麻地摆在半岛北岸，同时请海军派重兵进入科林斯湾，从而彻底断绝民主军借海路逃跑，或得到支援的可能性。待西北部海岸肃清之后，察卡洛托斯将两万人从北向南排成一条线，如同一把铁梳子一般将整个半岛梳了一遍。受困于半岛的希腊民主军在此役中遭到毁灭性打击，约三千五百人的部队中有679人战死、1601人被俘、628人投降，仅有百余人暂时逃脱——但他们也在之后的几个月里被消灭殆尽。

"鸽子行动"是希腊内战的一个转折点，它表明，只要政府军策略适当，完全有能力对一定区域内的希腊民主军实现毁灭性打击。如果失去地下组织的援助，寡不敌众又处于封锁状态下的希腊民主军难免被政府军击败。尽管这场战斗给希腊民主军造成的损失只是局部性的，但它极大地提升了政府军的信心和士气。此战之后，政府军官兵认为希共无所不在的情报网络是可以阻断的，而己方在装备和兵力上的优势也能真正带来战场上的优势。士气的提升,也促使了官兵主动性的增强。

图35 被俘虏的游击队员

从整体上看,希腊也是一个半岛,只要北部边境被封锁,兵力和装备占绝对优势的政府军不难复制在伯罗奔尼撒半岛上的胜利。这一行动带给希腊政府的一个"经验"是,要想反共成功,前线指挥官必须拥有包括民事权力在内的全权,在行动期间完全从纯军事的角度布置作战计划。这个"经验"为亚历山德罗斯·帕帕戈斯元帅(Alexandros Papagos)及其之后的军政府掌权做好了铺垫。

1949 年 1 月 21 日，希腊政府换掉了年老体衰、听话却不中用的原总参谋长，曾领导希腊军队抗击意大利入侵的英雄帕帕戈斯元帅受命成为政府军统帅。帕帕戈斯曾到比利时布鲁塞尔皇家军事学院留学，是坚定

图 36　亚历山德罗斯·帕帕戈斯（1883—1955年），拍摄于 1954 年

的保王派，在梅塔克萨斯 1936 年夺权的过程中扮演过关键角色。二战爆发后他多次打败过意大利军队，后在给予德军大量杀伤后兵败被俘。希腊沦陷期间，帕帕戈斯曾投身抵抗运动，被捕后被关押在德国达豪集中营，算是扎希阿里阿迪斯的狱友。德国投降后，他与扎希阿里阿迪斯同时被释放，奔向共同的祖国，随即投入不同的阵营内干戈相向。

虽说帕帕戈斯的政治能力与军事水平都十分出色，但他不是拿破仑那种具有军事天才的统帅，而是如一战时法国的霞飞将军一般，镇定沉稳，天然赋有一种安抚军心的魅力。他深知希腊政府军

图 37　在达豪集中营的帕帕戈斯(后排正中)

的各种弊病,于是在上任后将大批不合格的军官撤职,清理派系习气,让军人习惯于通过战功而不是找关系谋求晋升,从而大大加强了军官们主动作战的精神。对察卡洛托斯将军这样有能力的"刺头",他不喜欢却能够包容。对于美方代表范弗里特,他有求必应,深得对方欢心。范弗里特后来在回忆与他初次见面时说:"我马上就喜欢上了他。帕帕戈斯是个纯粹的战士,身形挺拔,典型的希腊人脸庞上有一双淡褐色的眼睛,他对如何击败共产党人有一套坚信不疑的看法,而且他的观点与我不谋而合。"范弗里特的欣赏,保证了美国的军火和资金源源不断地涌入希腊,使得希腊政府不至于被沉重的军费压垮。当然,这也导致美国军事和经济顾问对希腊内政的影响大大加深。

对于希腊国王,帕帕戈斯一方面绝对尊重,另一方面又不断强调军事问题在当下的优先性,促使国王按照他的意见改组了臃肿的国防委员会,赋予他策划作战方面的全权——海陆空三军的指挥权。一旦攻势开始,帕帕戈斯可以不受任何干扰,在全国实行军管,同时施行严厉的出版审查制度,甚至还拥有很大一部分经济事务的权力。自梅塔克萨斯以来,希腊军人在掌控政治方面又达

图38 头戴英式贝雷帽、身着美式夹克的希腊政府军(拍摄于1948年)

到了新的高度。在这样的地位上,帕帕戈斯不需要有什么特别突出的表现,他只是扮演了一根涂满润滑剂的枢轴,让国家的战争机器正常运转,发挥其应有的实力。

"鸽子行动"之后,希腊政府军又用类似办法肃清了希腊中部的希腊民主军。在美国的帮助下,希腊的三个主要港口得到部分重建,六个重要的军用机场得到改善,铺设1800公里的公路,为解决大规模攻势所需的后勤问题奠定了基础。1949年8月5日,由帕帕戈斯和范弗里特共同策划的"火炬行动"开始了,其目标是攻克位于格拉莫斯(Grammos)与维茨(Vitsi)山区的希腊民主军根据地,试图完成对希腊民主军的最后一击。

格拉莫斯山区是一个不规则的四边形,南、北、西三面贴着阿尔巴尼亚,东面一百多公里的长边对着希腊。只要希腊政府军不敢入侵阿尔巴尼亚,就完全没有包围或迂回的可能性,想要拿下这个山区,除了从东南面仰着头正面强攻之外,别无他法。

糟糕的交通状况是进攻者的第二个敌人:这

片山区在希腊境内连一条土路都没有。唯一的旧公路是意大利在二战时沿着阿尔巴尼亚一侧的边界修建的，现在它成了希共游击队从阿尔巴尼亚接收补给的主要通道。维茨山区在格拉莫斯的东北方，北邻南斯拉夫，西接阿尔巴尼亚。这两片山区之间有一条河，河的下游方向上有一条公路，是游击队从阿尔巴尼亚将给养运入希腊的主要通道。

图39 驴子是希腊山地区的主要运输工具（拍摄于1948年）

最初，希共利用格拉莫斯易守难攻又靠近境外补给点的特点，将大量军火、给养都储存在这里。后来南斯拉夫境内的根据地已失，此处再失希共就只能进行地下斗争了。进入1949年，希腊民主军的正规化已经颇见成效，格拉莫斯与维茨山区又曾多次挫败过敌人的进攻,扎希阿里阿迪斯于是决定在此坚守,希腊内战的战略决战就此拉开序幕。

可是,在这样的态势下进行决战肯定对希腊民主军不利。在此前三年的内战中,希腊民主军之所以能长期周旋,是因为游击队四面开花,让政府军顾此失彼。随着一片片游击区被肃清,政府军的后顾之忧越来越少,终于可以将全国的精锐部队都集中在西北部山区,对希腊民主军形成了兵力上 10:1(16 万对 1.5 万)、火力上 50:1 的绝对优势。

1949 年 8 月 5 日,已多次打败希腊民主军的察卡洛托斯率先向格拉莫斯发起进攻。希共坚守不退,利用高山密林迟滞对方的行动。政府军则试图利用火炮和空军资源抵消希腊民主军在地形上的优势,双方遂陷入苦战,两个星期后进展不大的政府军暂停了攻势。当其他方向的政府军对维茨山区形成突破之后,察卡洛托斯于 8 月 25 日再次猛攻格拉莫斯,助阵的有能提供近距离战术支援的 51 架俯冲轰炸机。希腊民主军浴血奋战,在陡峭的山脊上与政府军捉迷藏般地缠斗,可惜山岩中的缝隙纵能让他们躲过来自空中的扫射,却抵不住凝固汽油弹的恐怖威力。

图40 一名被俘却面带微笑的共产党游击队员,似乎并不在意指向自己的手枪

在这样不断消耗的阵地战中,希腊民主军终究是不可能战胜后援不断的政府军的。随着制高点接连陷落,政府军终于在8月27日控制了整个格拉莫斯山。希腊民主军开始化整为零,向不同方向撤退,其中有约八千人逃进了阿尔巴尼亚,数千人逃往保加利亚,还有数千人指望南斯拉夫能念旧情,可是南斯拉夫在这些人越过国境线后就将他们扣留了下来。

数十年来,这场"火炬行动"或"格拉莫斯—维

图41 此照片记录的是1949年8月希腊(共产党)代表团参加布达佩斯世界青年与大学生联欢会的情况。念及当时希共武装正处在被剿灭的最后阶段,这些代表们所挤出的笑容让人唏嘘。该图片原先可能留存于民主德国,现收藏于德国联邦档案馆

茨战役"一直被宣传为结束希腊内战的决战。事实上,真正结束希腊内战的不是政府军,而是斯大林。希腊民主军此战的伤亡不会超过三千人,尽

图42 詹姆斯·范弗里特被希腊政府军士兵扛在肩上

管损失惨重,但远非全军覆没。只是失去南斯拉夫基地和国内基地的扎希阿里阿迪斯,已再没有1946年初那样"抗命不遵"的本钱了。

斯大林看到:如果苏联不全力介入,则希共断难在内战中获胜,而苏联的力量又不可能投入到这样一个对自己没有那么重要的事情上去。阿尔巴尼亚是一个小国,如此之多的希共武装人员聚集在那里,对于忠于苏联的阿尔巴尼亚是一个不安定因素:既有导致希腊入侵的风险,也有发生内乱的可能。相对于本来就没有抱多大希望的希腊革命而言,"革命成功"且拥有地中海港口的阿尔巴尼亚是苏联的一枚已经到手的果实。斯大林权衡之后,指示阿尔巴尼亚封锁与希腊的边境,并勒令扎希阿里阿迪斯宣布停战,随后派船将他和一批希共高级干部接到了苏联。

1949年10月16日,希共中央在对外广播中宣布,为避免希腊人民再受苦难,希共决定暂时单方面停火。至此,直接导致近十六万人(约占希腊总人口的2%)死亡、上百万人无家可归的内战终告结束,而它所留下的阴影和伤口却将长留于这片土地之上。美国用强力改变了希腊内战的形势,却不可能一下子转变希腊的社会经济结构。希共失败之后,左翼运动在长期的白色恐怖之下依然在发展,始终是影响希腊政治的一支重要力量。

图43 希共控制区域的墙上遗存的标语:"扎希阿里阿迪斯万岁!"

尾　声

　　作为冷战起源时期的重要国际危机,希腊内战在许多方面影响了冷战初期的世界格局。

　　通过阻止希腊共产党夺权,美国巩固了西方在东地中海地区的防御态势,完成了遏制战略的关键一步。问题是,美国大大高估了苏联在希腊内战中的干涉程度,它将打败希共视同打败苏联。事实上,由于希腊几乎自始至终都是苏联的一枚"弃子",苏联只不过(在1947年5月—1948年1月)短暂地为希腊内战开过"绿灯"而已,美国得出这样的结论无疑会高估自己在"热战"地区遏制苏联的能力。在美国的想象中,它在希腊抵挡住了苏联的扩张,拯救了整个东地中海区域和中东,甚至预防了新的世界大战的爆发。于是由此得出结论:挫败苏联的有限目标是避免其进行全球战争的必要手段,在任何地方遏制苏联并充当全球领袖不仅是美国的道德责任,更是美国的利益所在。插足希腊内战使美国的对外干涉制度化了,形成了一套专门从事拨款、治安管理和经济援助的管理机构。此后的几十年里,每当有革命在美国所关心的地方发生,这些机构就负责评估当地的事态,并为白宫草拟一份最有效的干涉方案。

图44 游弋于爱琴海的富兰克林·罗斯福号航空母舰

希腊内战结束后不久,《国家安全委员会第68号文件》成稿,几经修改后将上述结论树立为美国的战略原则。当1950年6月25日朝鲜战争爆发时,美国条件反射式地下了积极干涉的决心,却发现事情并不像在希腊那样顺利。范弗里特因镇压希共的战功成了美军内颇有名气的"山地战专家",当仁不让地奔赴同样多山的朝鲜战场,可是无论在"血染岭""伤心岭"还是"三角岭"(中方称"上甘岭"),他指挥的美第八集团军都损失惨重。在朝鲜所受的挫折,并没有阻止美国人在此后的数年中将中南半岛的游击作战与希腊内战相提并论。从艾森豪威尔到肯尼迪,白宫一再觉得美国在希腊的胜利会再次在越南上演,谁想却一败涂地。回头来看,马歇尔在1946年调处国共战争时的审慎其实帮美国避开了一个大坑,而美国在希腊的成功则掩盖了此类干涉行动所蕴含的巨大风险,以至于当时马歇尔等人被目光短浅的麦卡锡主义者讥为"丢失了中国"。

中国的解放战争于1946年6月全面爆发,至1949年10月中华人民共和国成立,与希腊内战的时间表若合符节,两者之间更是存在着重重关联。在希共领导的民族解放阵线发起"十二月起义"之前,对于各国的抵抗组织而言,与英国这样的反法西斯中坚力量为敌是难以想象的。希共在1944年"十二月起义"中的惨败影响了毛泽东对国际形势的判断,他在1945年4月至6月中共七大的报告中多次提到"斯科比将军"的名字,这就是要提醒中国共产党人:国民党反动派总是想同英美勾结剿共,如果中共不能揭露其阴谋,"会有一个早上,要听到内战的炮声的"。抗战期间,同英、美、苏三国的团结固然重要,但也要随时提防英美对中共翻脸,同时还得设想到苏联可能会袖手旁观,应对"国际无产阶级长期不援助我们"的局面。

可以说,希共先帮中共"挡了一枪",不过中共能取得胜利还有更深层次和多方面的原因。中共在二战爆发之前就遭遇过残酷的屠杀和内战,希共在内战中犯过的那些错误,中共在土地革命时期几乎都犯过,比如盲目期待城市暴动、时机不成熟时攻坚大中城市、各种教条主义的战略战术,以及过于激进的"左"倾政策,等等,结果几度濒临败亡的边缘。不过中共最终在自身努力和对外部条件的利用中存活了下来,在这个过程里淘汰了多个不能胜任战时指挥的领导人,将血泪教训化为继续前进的宝贵经验,实现了马克思主义的中国化,走出了一条"农村包围城市"的国际共运新路。

反观希共,虽在二战之前受的迫害很大(相对于法共而言),以至于累积的仇怨使二战后希腊各党派之间难以和平相处;却又不够惨痛(相对于经历过"四一二"惨案的中共而言),以至于希共在1947年之前一直没有抱定"枪杆子里面出政权"的信念,一直对和平取代右翼政府抱有幻想。然而历史已经走到了冷战的起点,希共不可能再有逐渐淬炼成熟的时间和机遇,苏联的背叛和英、美两个大国的直接干涉毁灭了它。

最后,让我们再看看希腊内战结束后几位局中人的命运。

图45 手握元帅权杖且处于权力巅峰的帕帕戈斯(拍摄于其去世的前一年)

携再造王室之功，亚历山德罗斯·帕帕戈斯于 1949 年 10 月受封为独一无二的希腊陆军元帅，1952 年又当选希腊首相兼国防大臣，从此政由己出，几乎架空了希腊国王。如果他不是 1955 年因肺出血去世，谁知会不会成为观爱琴海的"曹丞相"？此后，希腊政府的实权一直掌握在军人手中，直至废黜国王。后经美国人再次干涉，希腊才于 1974 年恢复了文官政府。

上甘岭战役结束后三个月，美国的"山地战专家"范弗里特于 1953 年 1 月退役，弃军从商，1992 年以百岁高龄寿终正寝。

扎希阿里阿迪斯，流亡到苏联后依然是斯大林的崇拜者，即使在苏共二十大后仍旧"不识时务"。结果他不但失去了希共总书记的位置，而且被开除出希腊共产党，后于 1973 年 8 月在西伯利亚自缢而亡。其遗骨于 1991 年 12 月归葬希腊。

被扎希阿里阿迪斯当作"铁托分子"逐出希腊民主军的总司令瓦菲阿迪斯也流亡于苏联。1956 年苏共二十大召开后，赫鲁晓夫治下的苏联与南斯拉夫恢复了友好关系，瓦菲阿迪斯也于 1957 年恢复了名誉。不过，身为希腊政府通缉的要犯，他只能继续流亡于苏联，在乌拉尔山下一个距离莫斯科800公里的小村庄里默默无闻地生活了35年。直到1981年左翼泛希腊社会主义运动党（Pasok）上台并宣布大赦之后，他才得以于1983年返回希腊。而此时带领社会主义运动党执政的总理，居然是1944年希共玩命也要拉下台的临时政府总理乔治·帕潘德里欧的亲儿子——安德烈·帕潘德里欧（此人又给自己儿子起名为乔治·安德烈·帕潘德里欧，而后这位"小乔治"于2009年当

图46　当年在希腊内战中杀红了眼的两位将军后来成了泛希腊社会主义运动共同的支持者，1984年二人在RAI（意大利广播电视公司）的镜头下相逢一笑。据报道二人有如下对话——察卡洛托斯："当年，可能是我们错了。"瓦菲阿迪斯："或许是我错了，将军。"

选希腊总理）。

瓦菲阿迪斯这批流亡希共党人的归来，意味着希腊内战真正画上了一个句号。在雅典等待这位曾经的希腊民主军总司令并与他握手的，是在"鸽子行动"中剿灭了伯罗奔尼撒地区民主军、因战功而累迁至希军总参谋长察卡洛托斯将军，他在内战后多年又逐渐变成社会主义运动党的支持者。

世事如棋，白云苍狗，愿那些为理想而战的人终能安息。

图47 一位希腊老妇人用驴子驮着她最珍视的财富——一头小牛犊，艰难地离开战区

参考资料

1. 书籍

[加]安德烈·耶罗利玛托斯:《希腊内战:一场国际内战》,阙建容译,格致出版社,2021年。

[英]李察·克罗格:《错过进化的国度——希腊的现代化之路》,苏俊翔译,左岸文化事业有限公司,2003年。

[美]梅尔文·P.莱弗勒:《权力优势:国家安全、杜鲁门政府与冷战》,孙建中译,商务印书馆,2019年。

[英]丘吉尔:《第二次世界大战回忆录》,吴泽炎译,译林出版社,2012年。

屈琳洁:《杜鲁门政府时期美国对希腊的政策》,硕士学位论文,陕西师范大学,2008年。

任东来:《大国干预与共产党的革命战略——对于中国和希腊的比较研究》,南开大学历史研究所美国史研究室编:《美国历史问题新探:杨生茂教授八十寿辰纪念文集》,中国社会科学出版社,1996年。

任东来:《美国与1944年英苏划分巴尔干势力范围》,《美国研究》1997年第1期。

沈志华:《1948年苏南冲突起因的历史考察——来自俄国及东欧国家解密档案的新证据》,《历史研究》1999年第8期。

沈志华:《经济漩涡:观察冷战发生的新视角》,开明书店,2022年。

《战后世界历史长编》编委会:《战后世界历史长编》,第一编第二分册(1946年),上海人民出版社,1976年。

André Gerolymatos, *An International Civil War, Greece, 1943-1949*, Yale University Press, 2016.

Charles R. Shrader, *The Withered Vine—Logistics and the Communist Insurgency in Greece, 1945-*

1949, Praeger Publishers, 1999.

David G. McCullough, *Truman*, Simon & Schuster, 1992.

Melvyn Leffler and David Painter, *The Origins of the Cold War: An International History*, Routledge, 2005.

2.影音

纪录片

纳沙卡姆:《希腊内战，1946—1949》(*The Greek Civil War, 1946-1949*)，By Amikam Nachmani，https://origins.osu.edu/watch/greek-civil-war-1946-1949?language_content_entity=en.

影片

隆重推荐希腊国宝级导演西奥·安哲罗普洛斯(Theo Angelopoulos)的"希腊近代史三部曲":《1936年的岁月》(*Days of '36*, Meres Tou 36, 1972)、《流浪艺人》(*The Travelling Players*, O thiasos 1975)和《猎人》(*The Hunters*, Oi kynigoi, 1977)，这三部经典电影基本上与本书所介绍的年代重

合,特别是《流浪艺人》。我不敢说拿这些电影来参考,而是心甘情愿将这本小册子给安哲大师的作品当个小小的注脚。